高等院校“十三五”创新型规划教材

学前教育学

主　编　王海燕
副主编　崔　宇

中国轻工业出版社

图书在版编目（CIP）数据

学前教育学 / 王海燕主编． -- 北京 ： 中国轻工业出版社，2017.8（2020.1 重印）
高等院校“十三五”创新型规划教材
ISBN 978-7-5184-1501-4

Ⅰ．①学… Ⅱ．①王… Ⅲ．①学前教育－教育理论－高等学校－教材 Ⅳ．①G610

中国版本图书馆 CIP 数据核字（2017）第 163800 号

责任编辑：陈　萍　　责任终审：劳国强　　封面设计：刘志伟
策划编辑：林　媛　　版式设计：李佳璐　　责任监印：张　可

出版发行：中国轻工业出版社（北京东长安街 6 号，邮编 100740）
印　　刷：北京合众伟业印刷有限公司
经　　销：各地新华书店
版　　次：2017 年 8 月第 1 版第 2 次印刷
开　　本：787×1092　1/16　　印　　张：10.5
字　　数：246 千字
书　　号：ISBN 978-7-5184-1501-4　　定　　价：38.00 元
邮购电话：010-65241695　　传　　真：65128352
发行电话：101-85119835　85119793　　传　　真：85113293
网　　址：http//www.chlip.com.cn
Email：club@chlip.com.cn
如发现图书残缺请直接与我社邮购联系调换
151013J1X101HBW

编委名单

主　编：王海燕

副主编：崔　宇

编委（按字母顺序排列）：

曹守利　蔡惠多　谷　月　李　岩　牛　玲
苏媛媛　王　芳　王　辉

王海霞　王佳佳　王　雪　汪晓军　张丽娜　朱　璟

前言

PREFACE

在高校应用型转型发展的时代背景下，本书应运而生。其内容及形式皆注重理论与实践相结合，旨在使读者获得学前教育学这门学科系统的知识框架和实践操作技能，通过案例导入逐步展开。每一章有相应的案例以帮助读者更好地理解相关内容。

在吸收以往众多学者理论研究的基础上，编者结合当下高校转型发展的时代背景编写了本书，它不但可以作为高校学前教育专业的教材，同时也可以作为学前教育教学和研究人员的参考资料。当然，在写作过程中搜集的资料尚有限，也碍于撰写者有限的学术水平，本书在内容和表达上有许多不足之处，还望广大读者朋友多加批评指正。

本书由王海燕担任主编，崔宇担任副主编。共十章，具体编写分工如下：绪论部分由王海燕编写；第一章、第二章由王佳佳编写；第三章、第四章由崔宇编写；第五章、第六章由谷月编写；第七章由王雪编写；第八章、第九章由王芳编写；第十章由崔宇和王佳佳共同编写。王海燕负责全书统稿工作。

真诚地感谢参加本书编写的各位同仁，感谢你们不辞辛劳的付出和耐心的合作。同时也向为本书提供众多案例的幼儿园一线教师们及参考文献的作者们表示衷心的感谢！

编 者

2017年2月

本书介绍

目录 CONTENTS

绪论

案例导入

《鹬》

观看由皮克斯新一代的动画人 Alan Barillaro 导演创意筹备、耗费约三年时间制作的动画短片——《鹬》。其片长为 6 分钟，为皮克斯 2016 年动画长片《海底总动员 2》的前贴片。讲述了一只饥饿的小矶鹬（sandpiper，一种海鸟），努力克服恐水症，到海浪肆虐的沙滩上觅食的故事。

问题探讨

观影后谈谈感想：说说你心目中好的教育应该是什么样的。

案例分析

一部短短 6 分钟的小动画，将自然、童年、亲情、友谊、成长串联了起来。它用可爱的角色设定讲述了一个温暖的故事。原来成长就是要抛去曾经的视角才能看到美好的未来。好的教育不是成人觉得好，也不是我们无微不至的保护和束缚，好的教育是自然的体验，是挑战和尝试。在教育孩子的过程中，成人的引导和放手很重要。

一、学前教育的内涵

教育是人类社会特有的一种社会性活动，区别于其他社会活动，教育是培养人的社会活动，即以影响人的身心发展为目标的社会活动，这也是教育的本质特征。广义的教育是指能增进人们知识、技能、身体健康，形成或改变人们思想意识的活动。狭义的教育专指学校教育，是由专门机构和专职人员依据一定的社会要求和受教育者的特点，有目的、有计划的系统地对受教育者进行的知识技能传授、思想品德培养等活动的总和。

学前教育是人类教育活动的重要组成部分，是以特定年龄的儿童为对象的教育。它既是一种社会现象，又是一项社会活动。广义的学前教育是指对从出生到入学前的儿童实施的教育，是促进入学前儿童（0～6 岁）身心全面、健康、和谐发展的各种活动与措施的总和。狭义的学前教育是学前社会教育的一部分，指由正规的学前教育机构对入学前儿童所实施的有目的、有计划的教育。

二、学前教育的类型及特点

学前教育按照实施的形式分为两种类型：学前家庭教育和学前公共教育。学前家庭教育主要由父母或其他照看者在家庭中实施；学前公共教育主要由家庭以外的社会组织机构

指派专人实施。

（一）学前家庭教育

学前家庭教育是由父母或其他年长者对其子女进行的学前教育。学前家庭教育是历史悠久的学前教育形式。家庭是人一生中最早接触且生活时间又最长的社会场所，是儿童出生后第一个重要的生活与学习的环境。很多研究证明，儿童年龄越小，家庭教育对他们身心发展的影响越大。

学前家庭教育对儿童身心发展影响的特点：

（1）家庭教育是幼儿接触最早的教育。父母是人生的第一任老师。学前家庭教育是最早的教育，学前社会教育是在家庭教育基础上进行的。

（2）家庭教育是在潜移默化中进行的。学前家庭教育对儿童的影响渗透在日常生活的点滴之中，父母的言行举止是儿童直接的模仿对象。

（3）家庭教育伴随终身。家庭是所有社会组织和群体中最为普遍的团体，是人生存过程中最持久的一种生活环境，家庭的影响伴随人的终身发展与生活。

（4）家庭教育是个别实施的。家长与子女的交流、影响过程往往是一对一进行的，家庭教育以单独的个别教育为主。

（二）学前公共教育

学前公共教育是指家庭以外社会（包括国家、社区、单位、私人）指派专人组织实施的、旨在促进学前儿童身心全面和谐发展的活动的总和。学前公共教育包括托幼教育机构教育、社区学前教育和大众传播媒介的教育影响。其中，托幼机构教育是学前公共教育的主要组成部分。在这里，我们主要了解一下托幼机构教育和社区学前教育。

1. 托幼机构教育

托幼机构教育是在托儿所、幼儿园、学前班、混合班等机构中对学前儿童进行的教育，是由托幼机构组织的、以促进幼儿身心全面、健康、和谐发展为目的，由专职幼教人员根据社会的要求有计划实施的教育实践活动和措施。

托儿所是招收3岁前婴幼儿的集体教养机构。幼儿园是对3岁以上学龄前儿童实施保育和教育的机构。是基础教育的有机组成部分，学校教育的预备阶段。学前班是接收5～6岁，即入学前一年儿童的学前教育机构，是农村发展学前教育的重要形式。

托幼机构教育的特点：群体性，托幼机构教育是面向学前儿童全体实施的教育；计划性，托幼机构教育是有关组织根据国家和社会的教育目的，有组织、有计划地进行的；专业性，托幼机构是对学前儿童进行教育的专门化机构，幼儿教师是受过专业训练的专业工作人员。

托幼机构教育在整个幼教系统中的作用包括：一是辐射作用，即向各种形式的学前教育发挥指导作用、示范作用，并带动非正规的学前教育的发展。二是促进各种学前教育形式相互沟通，形成教育合力。与此相应，园长的作用不仅是组织自己机构内的教育活动，还必须关心和帮助家庭教育和社区教育的发展，参与园所内外幼教活动的组织与协调、交流和沟通，促进园所外一切教育资源的综合利用，把托幼机构教育融入到提高全社会幼教

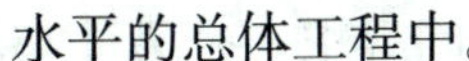

水平的总体工程中。

2. 社区学前教育

社区是指一定地域内由共同文化、社会心理、共同生活环境和相互关系的居民所形成的人口群体。地域界限是构成社区的一个要素。从发达国家的经验来看，第二次世界大战之后，社区教育成为一种逐步走向学校、社会、家庭的相互服务、互惠互利的一体化教育形态。

社区教育具有整体性、区域性和全面性的特点。社区教育就是将教育与社会有机地融合在一起，使其相互联系、相互作用、相互促进，形成教育社会化、社会教育化的整体格局，提倡社区成员“在社区中学，与社区共学，为社区而学”。社区教育强调适应社区需要、服务社区，具有极大的灵活性。它是在一定地域范围内进行的，具有明显的地域性特征。社区教育是一种发展和增长社区成员新知识和新能力、提高社区成员生活质量的教育，是全员、全程、全方位的大教育。

社区学前教育的具体作用体现在：为学前儿童提供公平的教育机会。社区学前教育可以根据当地人口分布、经济状况、教育条件等，适宜地为学前儿童提供学前教育机会，使更多的学前儿童受到不同程度的教育。社区学前教育可提高全社区居民的素质。社区学前教育向家庭普及优生优育知识，并提供相应指导；向儿童提供游戏场所、图书馆等教育环境；组织家庭参加各种活动等，提高全体社区成员的文化素质和教育水平。

三、学前教育的价值与功能

（一）学前教育的价值

欲阐明学前教育价值问题必先探讨价值和教育价值的问题。在我国理论界，对价值的界定多采用马克思的“关系说”。马克思指出的“价值这个普遍的概念是从人们对待满足他们需要的外界关系中产生的”“是人们所利用的并表现了对人的需要的关系的属性”。就价值的本质而言，它表示的是事物在满足人的需要中的有用性。“关系说”以人的主体性需要为纽带说明了价值的概念，将价值的客观性与主观性有机地结合起来。

教育价值是指作为客体的教育活动与社会和个人等教育主体的需要之间的一种特定关系。学前教育价值是指学前教育与幼儿、成人及社会的需要之间的关系。

要理解学前教育价值的问题，必先澄清学前教育的价值主体。学前教育价值体系中的主体可分为两大类，社会主体和个体主体。社会主体是指社会系统中的政治、经济、文化等子系统，家长和教师、家庭和托幼机构更多是代表了社会的要求。个体主体是指受教育者，也就是在教育活动中学习的人，主要是指学前儿童。因此，学前教育作为价值客体必须满足社会和学前儿童个体两者的需要，由此产生了学前教育的社会价值和个体价值。

学前教育承担着把个体从“自然人”培养为“社会人”的责任。社会的发展必须建立在个体发展的基础上，可以说个体发展既是目的，也是手段。学前儿童年龄小，个体发展需求与社会发展需求之间的关系更间接，学前儿童发展需求并不直接表现为社会发展需求，社会发展的需求与学前儿童的发展并不直接吻合。而且，社会和个体都处于不断发展之中，社会的需求和个体的需求也在不断变化之中。在社会价值和个体价值之间寻求一个最佳契合点，成为不同历史时期学前教育共同追求的永恒目标。

作为学前教育主体的社会和个体，在学前教育发展过程中必然要对学前教育的目的、内容、方法等作出自己的选择。学前教育的价值取向是学前教育活动的主体根据自身需要对学前教育活动的属性、功能等作出选择时所持的一种倾向。

1. 学前教育的价值取向影响着学前教育的目的

学前教育的价值取向在很大程度上决定了人们是从个人需要还是从社会需要来构建学前教育的目的，同时也决定了到底是从个人和社会的哪些方面的需求出发构建学前教育目的。因此，学前教育的价值取向既影响学前教育目的的视角差异，又影响着学前教育的目的的内容差异。学前教育到底应培养什么样的人，与人们期望用学前教育来干什么有很大关系。

2. 学前教育的价值取向影响着学前教育课程

如果说课程是学校教育的核心，那么价值取向就是学校课程的关键。从对课程本质的界定到课程内容的选择和组织再到课程的评价，这其中无不渗透着价值取向的问题。学前教育课程也不例外。

3. 学前教育的价值取向影响师幼关系的性质

任何学前教育的目的的实现与课程的实施都要通过教师与幼儿的互动来完成。在不同的学前教育的价值取向的指导下，产生了不同性质的师幼关系。

4. 学前教育的价值取向影响着学前教育评价

学前教育评价同样受到学前教育的价值取向的制约，从学前教育评价标准的确立到评价内容、评价方法的选择无不体现着学前教育的价值取向。

（二）学前教育的功能

学前教育的功能是指学前教育所具有的能力和作用。

学前教育的功能具有客观性。学前教育的功能是由学前教育的结构决定的，是客观存在于学前教育之中的，不以人的意志为转移。学前教育的功能具有多样性。学前教育的结构是复杂的，人和社会是多层次和多方面的，所以学前教育的功能也是多种多样的。学前教育的功能具有方向性，有正负之分。学前教育的正功能是指学前教育的积极作用；负功能是指学前教育在发挥积极作用的同时对社会和个体发展所产生的消极作用。

从承受对象的不同来划分，可以区分为学前教育的个体功能与社会功能。从作用的层次来分，可以区分为基本功能与派生功能。从作用的方向上来分，可以区分为学前教育的正功能与负功能。从作用的表现形式上来分，可以区分为显性功能与隐性功能。

虽然存在多种学前教育功能的分类方法，但是都涉及学前教育对个体及社会所具有的作用与影响，这两种功能是学前教育的根本功能。

学前教育的个体发展功能是指学前教育可以促进学前儿童在身体、认知、社会性和情感等方面健康、全面、和谐的发展。学前期是人生发展的重要时期，这一时期的环境和教育质量直接影响到儿童的发展。因此，作为人生早期阶段的教育，应努力为儿童提供适宜的、有益的早期经验，为儿童终身的可持续发展奠定良好的素质基础。

学前教育的社会功能主要表现为对社会政治、经济、文化、社会稳定等方面的影响作用。学前教育具有重要的文化传递功能，学前教育的基本任务就是引导和帮助幼儿学习和掌握人类社会文化历史经验，促进和参与幼儿的学习与发展。家庭是社会最基本的单位，家庭的稳定以及家庭生活的质量直接影响着社会的稳定和整个民族素质的提高。家庭中孩子的健康成长与发展是家庭生活是否和谐幸福的关键因素之一，因此说，学前教育关系着社会的稳定与健康发展。

学前教育的个体发展功能和社会发展功能是相互联系、相互依存、互为前提的，两个功能均通过对学前儿童的培养来实现。

四、学前教育学

每一门学科都有自己的特定研究领域。根据教育对象的年龄不同，教育分为学前教育、学校教育、高等教育、成人教育等教育阶段。各阶段的具体任务、内容和方法不同，具有各自的特点和规律，需要分别进行研究。

（一）学前教育学的研究对象

学前教育学是教育学科的一个年龄分支学科，是研究学前教育发展变化规律以及实践问题、阐明学前教育理论与实践一般原理的一门科学。

学前教育学以教育学和心理学的基本原理为基础，研究学前教育的产生与发展、学前教育与社会的关系、学前教育与学前儿童身心发展的关系、学前教育的培养目标、学前教育的内容、学前教育的手段与途径、学前教育的师资培养及学前教育科学研究等。

在现代社会，学前教育研究的一个重要趋势是从多学科的角度研究学前教育原理，从多学科中汲取营养，形成学前教育学的理论基础。教育生态学是依据生态学的原理，特别是依据生态系统、生态平衡等机制和原理研究各种教育现象及其成因，进而掌握教育发展规律，揭示教育的发展趋势。

（二）学前教育学的学科价值

1. 对学前教育具有理性认识价值

作为一门学科，学前教育学是在学前教育活动不断发展和学前教育研究的理论成果不断积累的基础上发展起来的。学前教育学对学前教育的各种理论与实际问题给予理性分析和探讨，从而使人对学前教育有全面系统的理性认识，把握学前教育规律，深化对学前教育的理性认识，形成一定的学前教育观念。

2. 对学前教育工作具有理性指导价值

学前教育学在研究学前教育的规律与原理的过程中，蕴含对学前教育工作的理性引导，为解决学前教育的实践问题提供理论依据与指导原则。

3. 对学前教育实践具有评估价值

学前教育学集中了对学前教育的哲学认识、社会学认识、心理学分析及对学前教育的实践经验，它所阐述的学前教育理论不仅是学前教育实践的指导依据，还是构成评价学前教育工作是否科学、有效的潜在依据。

（三）学前教育学的基本任务

随着经济和社会的发展，人们对教育的日益重视和早期智力的开发，学前教育从来没有像现在这样受到广泛的关注，取得像今天这样大的发展。学前教育事业的发展对学前教育理论的研究提出更高的要求和任务，以往的经验要总结，现实的问题要研究。特别是《幼儿园工作规程》和《幼儿园教育指导纲要》的颁布实施以来，在幼儿园的改革发展中涌现出许多新鲜的、宝贵的经验，亟待从理论上加以总结，同时也出现了许多新情况、新问题需要从理论上进一步探讨，加以阐明。因此，学前教育学的基本任务在于以下几点：

1. 探讨学前教育工作规律

学前教育学的一个重要任务是揭示学前教育的基本规律。认识和掌握规律才能促进学前教育的科学化、规范化。

2. 建构学前教育理论

学前教育学是指导和推动学前教育实践不断发展的重要理论基础。学前教育实践的发展不仅客观上要求学前教育理论的指导，同时也要求学前教育理论不断更新完善。丰富和发展学前教育理论，建构科学的、具有中国特色的学前教育理论是学前教育学的重要任务。另外，学前教育学与其他社会科学相比，理论化和科学化程度还有待进一步提高，需要更积极与活跃的教育理论研究，理论建构的任务还很重。

3. 指导学前教育改革与实践

在当今社会，学前教育越来越受到社会与家庭的特别关注，学前教育适应时代发展的需要而进行的改革中，不断遇到各种新的问题，发生新的教育现象，需要学前教育理论做出相应的回答。学前教育学必须关注学前教育实践的发展，不断研究新情况、新问题，为实践中问题的解决提供必要的理论指导。

拓展阅读

《学前教育学》学习资源及途径推荐

参考资料：

《幼教博览》月刊

《父母世界》（聪明宝宝）

《学前教育研究》月刊

《孩子》月刊

《幼儿教育导读》月刊

《学前教育·幼教版》月刊

《幼儿教育》月刊

《早期教育》月刊

专业学习微信订阅号推荐：

中国幼师
好幼师网
幼儿教师网
幼儿园教育
园里园外
早期教育
Michael 钱儿频道
专业学习网站推荐：
中国学前教育网
上海学前教育网
中国教育在线学前频道
中国学前教育研究会

思考与练习

1. 什么是学前教育？
2. 学前家庭教育对学前儿童身心发展影响的特点是什么？
3. 什么是学前公共教育？
4. 托幼机构教育在整个幼教系统中的作用是什么？
5. 社区学前教育的具体作用是什么？
6. 什么是学前教育学？
7. 学前教育学的学科价值是什么？
8. 学前教育学的基本任务是什么？

第一章　学前教育概述

学习导航

1. 了解学前教育的产生和发展历程；
2. 熟知学前教育的形态及特点；（重点）
3. 理解学前教育的外部规律和内部规律。（重点和难点）

第一节　学前教育的产生和发展

案例导入

案例 1：远古教育的起源

当原始人制造石器的时候，年长一代就告诉孩子们应该采集什么样的石块做原料，以及应该如何摔打、敲击和修整，才能做成石刀或其他工具。当他们围攻野兽的时候，年长一代就告诉孩子们应该怎样追捕，怎样使用武器，以及怎样互相配合等。由此可以看出，原始人的教育活动是在集体劳动和集体生活中进行的。它直接起源于人类的生产劳动和社会生活，并服务于人类的生产劳动和社会生活。人类初始的这种教育活动尽管是十分原始的，但毕竟是一种有目的、有意识的自觉活动。

案例 2：氏族公社的教育活动

随着生产力的发展，在原始人群内部出现了最初的分工，即性别和年龄的分工。与此同时，形成了按辈数划分的婚姻集团。这种婚姻集团的产生，使人们开始认识了血亲关系。于是，原始人群为氏族公社所代替。这一变化，标志着人类的社会结构有了新的进步，社会生产力有了新的提高，文化教育也有了新的发展。氏族公社的教育活动可相对分成两个阶段：母系氏族公社阶段的教育（大约 5 万年前—5 千年前）和父系氏族公社阶段的教育（大约 5 千年前—公元前 21 世纪）。母系氏族时期的教育形式非常简单，主要是传授生产劳动经验和氏族之间的规定和道德。进入父系氏族后，随着生产的发展和社会分工进一步扩大，教育的目的更加明确，内容更加丰富，形式更加多样。

问题探讨

通过阅读“远古教育的起源”和“氏族公社的教育活动”两则信息资料，请分析社会发展和教育之间的关系是怎样的。

案例分析

教育是随着人类社会的产生而同时产生的，直接起源于人类的生产劳动和社会生活。社会生产力的特点直接影响着教育的形式、内容及特点。

教育在我们的生活中无处不在。孩子从出生的那一刻起，就开始了受教育的过程。家庭、教育机构和社会环境都在对孩子产生教育影响。幼儿是人生智力发展的基础阶段，又是发展最快的时期，适当、正确的学前教育对幼儿智力及其日后的发展有很大的作用。学前教育是人类社会的基本实践活动，它与各种社会因素存在着复杂的关系。学前教育的发展受到社会众多因素的影响和制约，同时学前教育的实施又影响着社会的发展。

一、古代的学前教育

（一）原始社会的学前教育

在原始社会，由于生产资料公有，没有阶级，没有家庭，所有的成员在以血缘关系为纽带组成的集团中，在平等互助的基础上，进行着集体的生产与生活活动，因此，对儿童的教育也是由整个群落承担。由此可见，最早的幼儿教育是一种“公育”。

在原始社会，对儿童实施社会公育，其教育内容均与儿童今后将要参加的集团内共同的生产和生活实际密切相关。除了生活和劳动教育外，原始社会对儿童的公育内容还包括思想教育，主要是道德教育和宗教教育。道德教育，可以使儿童从小遵守氏族公社成员间待人处事的规范，形成照顾、赡养老人的观念和敬重服从家族族长的思想；宗教教育，不仅能使新生的一代形成宗教意识和情感，而且还能使儿童在参加的宗教祭祀活动中学到一些生产知识、历史传说、自然常识，如让儿童参加自然崇拜性质的祭日活动，无形中便把太阳与万物生长的关系以及靠太阳定时间、定方向等知识传授给下一代。

原始社会学前教育的主要特点如下：

第一，对儿童实施社会公育。

第二，原始部落的老人是原始社会儿童教育工作的主要承担者。

第三，原始社会儿童教育的内容是多方面的，是与儿童日后将要进行的生产、生活实际密切相关的。

第四，原始社会儿童教育的方法，主要是采取口耳相传，在实践活动中进行教育的方法。

（二）奴隶社会和封建社会的学前教育

随着生产力的不断提高，私有财产出现，人类社会进入了有阶级的社会——奴隶社会、封建社会，教育也就出现了与原始社会不同的情况。

奴隶社会的统治阶级为了维护自己的统治，利用手中的权力让自己的子女接受教育，以便把自己的子女培养成未来的统治者。同时他们不允许平民的子女受教育，只允许他们跟随父母学习各种劳动知识和技能。教育的阶级性、等级性出现了。

西周时期是我国奴隶社会的鼎盛时期，当时的人们已经能够按照婴幼儿年龄大小循序渐进、有条不紊地实施学前教育计划。家庭承担了学前儿童教育的任务，原始社会的儿童社会公育已经消失。最高统治者对学前教育尤为重视，不仅建立了针对君主教育的保傅教育制度与乳保教育制度，还提出了实施胎教的要求。

古代希腊幼儿教育的特点是：国家对幼儿的体质十分重视，并采取“优选法”等具体措施；教育都是在家庭中进行的，母亲是天然的教师；对儿童从小就开始进行道德行为的熏陶，灌输奴隶主阶级思想意识；整个幼儿教育还处在自发的萌芽状态。古希腊时期的思想家柏拉图在《西方学前教育史》中第一次较为系统地阐述了学前儿童的教育问题。继后，亚里士多德和昆体良等人也论述过学前儿童的教育问题。

封建社会为了适应社会生产力发展，需要培育一批具有初步读、写、算能力的为统治阶级服务的人，因此，出现了专门招收平民子女的学校。学前教育与学校教育出现了分离。入学前的幼儿教育仍然在家庭中分散地进行，这和封建社会的小农经济形态是相适应的。也有人提出了幼儿公共教育和保育的思想，但这些主张在当时是不可能实现的，因为社会既没有创办幼儿教育机构足够的物质基础，也没有相应的社会要求。

拓展阅读

我国古代宫廷教育制度

一、保傅教育制度

所谓的保傅制度，是指朝廷内设有专门的师、保、傅官以对君主、太子进行教谕的制度。据史料记载，早在西周以前，就曾设置有太师、太傅和太保的官职，合称“三公”；它们的副职分别是少师、少傅和少保，合称“三少”。这类官员统称为师傅、师保或保傅。“三公”对太子实施教育时有着明确的分工，其中，“保，保其身体；傅，傅之德义；师，道之教训。”保其身体，即负责身体的保育；傅之德义，即负责培养道德；道之教训，即进行文化知识及统治经验的传授。可见，师保之教的内容是较全面的，包括了德、智、体三方面的内容。

二、“备三母”制

所谓的“备三母”制，是指在后宫挑选女子担任乳母、保姆等，以承担保育、教导太子、世子事务的制度。根据《礼记·内则》中记载，太子、世子出生后不久，即“异为孺子室于宫中，择于诸母与可者，必求其宽裕、慈惠、温良、恭敬、慎而寡言者，使为子师，其次为慈母，其次为保姆，皆居子室。他人无事不往”。子师、慈母、保姆合称“三母”。她们分别承担母后的部分职责，其中，“师，教以善道者；慈母，审其欲恶者；保姆，安其寝处者”。总之，由她们共同负责太子、世子德性的培养和日常生活起居的料理。

二、近现代的学前教育

（一）国外学前教育的发展

19 世纪初，随着近代工业革命到来，大工业机器生产在欧洲得到迅速发展，大量小农、小手工业者进入大工厂做工，妇女也走出家庭进入工厂，而不能在家养育孩子，于是造成了严重的社会问题。创办学前教育机构以收容、教养工人孩子的需求被提了出来。由于大工业生产创造了比小农经济高得多的劳动生产率，使社会具备了创办幼儿教育机构所必需的物质基础，因此，生产的社会化带来了幼儿教育的社会化，幼儿教育机构就首先在欧洲诞生了。其中，值得一提的是由英国空想社会主义者——欧文（1711—1858）创办的“幼儿学校”（后改名为“性格形成学园”）。他把 1～6 岁的婴幼儿组织起来，进行集体保育，在当时社会上引起了巨大反响。英国以欧文“幼儿学校”为起点，形成规模浩大的幼儿学校运动，一度波及欧美各国。

拓展阅读

欧文的“幼儿学校”

幼儿学校（infant school）包括幼儿所、幼儿园和游戏场，招收 2～5 岁的儿童。欧文在幼儿学校创设中遵循“要尽力使小朋友快乐”的原则，幼儿学校的儿童在教室的时间约为 3h，其余的时间他们就在室外的大草坪上玩耍，或由年轻女工负责照顾。“这所学校拥有一间长 12m、宽 12m、高 6.7m 的教室，教室中布置着以动物为主的图画和地图，还有从花园、田野和树林中采集来的自然界的实物。”天气不好的时候，学校还提供一间长 4.8m、宽 6m、高 4.8m 的幼儿娱乐室供幼儿娱乐。

幼儿学校的学生主要学习唱歌、跳舞和体操，并参加一些户外活动。教师教育的主要方法是游戏以及通过和幼儿的亲切交谈，引起他们学习的好奇心。户外活动是由年轻女工负责的，她们指导幼儿友好相处，并养成健康耐劳的习惯。

幼儿学校的学生要学习自然史。为了使教学更加生动，教师尽量用实物、着色的地图和动植物图片教授孩子们学习日常知识和自然知识。

另外，幼儿学校是不收费的，工厂每年为每个儿童的教育花费 2 英镑。欧文的幼儿学校取得了很大的成功。恩格斯曾指出：“孩子们从 2 岁起就进幼儿园，他们在那里生活得非常愉快，父母简直很难把他们领回去。”欧文创立的幼儿学校的设置和办学宗旨、教学内容等无不体现了其全面教育的思想。

福禄贝尔是 19 世纪德国著名的教育家，他认为家庭和母亲在早期教育中占有重要地位，但又指出，许多母亲没有充分的时间教育自己的子女，而且也没有受过相当的教育训练，不能胜任教育其子女的责任，因此，有必要建立公共的幼儿教育机构来弥补家庭教育的缺陷。

在此思想的影响下，福禄贝尔于1837年创建了世界上第一所幼儿教育机构，招收3～7岁幼儿。1840年该机构命名为幼儿园。福禄贝尔强调指出，他创建的幼儿园与以前已存在的幼儿学校一类的幼儿教育机构是不同的，“它并不是一所学校，在其中的儿童不是受教育者，而是发展者”。“他把幼自己的学校称为‘幼儿的花园’（幼儿园），他把幼儿放在生长发芽的种子的地位上，把教师放在细心的有知识的园丁的地位上。”作为“幼儿园之父”的福禄贝尔是近代幼儿教育理论的奠基人，其幼儿教育理论和实践对世界各国幼儿园的发展以及幼儿教育理论体系的形成和发展产生了广泛的影响。

近现代世界学前教育的发展呈现出如下几个特点：

1. 学前教育机构数量持续增加

随着现代化生产的发展，学前教育机构的数量日渐增加。不过，由于世界各国经济水平、教育政策、文化传统、生活习惯等的不同，幼儿入园率差别较大，学前教育发展速度也不同。

2. 学前教育机构日渐多样化

为适应普及学前教育的需要，为适应现代社会家长的各种需求，学前教育机构越来越多样化。由私人、国家、团体、企业、教会等开办的各种托幼机构，促进了学前教育机构向着形式多样化、功能多样化、组织多样化、教育多样化的方向发展。各派学前教育理论百花齐放，有不同教育主张的学前教育机构，如福禄贝尔式、蒙台梭利式、皮亚杰式幼儿园等纷纷出现。

3. 师资质量和教育质量不断提高

这是学前教育机构发展的重要标志。综观世界各国，幼儿教师学历层次的提升是教育改革大势所趋，具有内在必然性。在欧洲一些国家，学前教育教师普遍拥有大学文凭，其中不少也具备硕士学位。世界各国采取多种措施，加大学前教育覆盖面，保障学前教育质量，扩大政府的财政支持，促进学前教育公平。

拓展与思索

课后请查找与本章有关的幼儿教育家资料，写一篇报告，介绍其中一位的幼儿教育思想及其对我国幼儿教育产生的影响。

（二）我国学前教育的发展

19世纪60年代至70年代，我国的民族资本主义工业已经有了相当程度的发展。自给自足的自然经济逐渐瓦解，大工业生产产生并壮大了中国工人阶级队伍。一些妇女为生活所迫，开始走出家门，走进工厂，走向社会。这便从客观条件上提出了建立学前教育机构的迫切需要。从文化方面来讲，中国沦为半殖民地半封建社会以后，民族危机和社会危机进一步加深，文化思想领域也掀起了一次又一次的改革浪潮。许多进步人士强烈要求变革，他们提倡“经世致用”的新风，提出学习西学，设立新式学堂，学习西方科学技术，这为学前教育机构的产生奠定了良好的思想基础。此外，中国文化教育从此烙上了浓厚的殖民色彩。

1903年，湖北武昌创办了中国第一所学前儿童教育机构湖北幼稚园（1904年《奏定学堂章程》颁布以后，改名为武昌蒙养院）。同年（1903），北京的京师第一蒙养院成立。1904年，张之洞、张百熙、荣庆合定了《奏定学堂章程》，即癸卯学制。其中的《奏定蒙养院章程及家庭教育法章程》，是我国第一个学前教育的法规。它将公共幼儿教育的机构定名为蒙养院，保育教导3～7岁的儿童，确定了蒙养院制度。在这种情况下，我国的近代学前教育才开始产生并逐步发展起来。

1912年，资产阶级民主共和国——中华民国建立了，成立了以孙中山为首的南京临时政府。蔡元培担任临时政府教育部的第一任总长，在他的主持下制定并公布了“壬子癸丑（1912—1913）学制”，将蒙养院改称蒙养园，收未满6岁的儿童。

1922年，教育部又制定并公布了《学校系统改革令》，即壬戌学制，将蒙养园改称幼稚园，规定收受6岁以下的儿童。新学制颁布后不久，江西省立第一女子师范及第一师范即分别设立幼稚园。1923年，陈鹤琴在南京创办了我国第一所幼教实验中心，即私立南京鼓楼幼稚园（现为南京鼓楼幼儿园，属于公立园）。

受苏联影响，1952年颁布了《幼儿园暂行规程（草案）》和《幼儿园暂行教学纲要（草案）》，从此，自1922年壬戌学制定名，沿用了30年的“幼稚园”改称为“幼儿园”，规定幼儿园的课程包括体育、语言、常识、计算、音乐和图画手工六科，奠定了新中国幼儿园分科课程的格局，这是我国幼儿园课程进行的第二次改革。

计划经济时期国家和集体全部包办，都为公办园。改革开放后学前教育形成了三种局面：国家、集体、个人一起投资，共同举办幼儿教育的格局；政府办园、集体办园和个体办园相结合的办园体制；公办幼儿园和民办幼儿园并存的局面。

1981年，颁布了《幼儿园教育纲要（试行草案）》；1989年，国家教委颁发了《幼儿园工作规程》（1996年正式施行），进一步拉开了改革的帷幕。《规程》规定了幼儿园的保育目标、保育任务、保育原则以及保育活动的组织形式和方法等。它改变了20世纪50年代以来分课教学一统天下的状况，强调整体性、联系性；强调幼儿主体教师主导；强调幼儿的主动性。

1989年，国家教委颁发了《幼儿园管理条例》，它用法规的形式规定了幼儿园的任务、管理以及保教工作，明确了地方政府的责任，使我国的幼儿教育管理跨入了法制化轨道。20世纪90年代，课程呈现多元化、个性化、本土化的趋势，多种形式的幼儿园课程格局逐步形成。2001年，教育部制定了《幼儿园教育指导纲要（试行）》。《纲要》是《规程》的下位文件，《规程》涉及的面很广且比较宏观，《纲要》则指将其第四章“幼儿园的教育”的内容展开并具体化，以在《规程》与教育实践层面之间架起过渡的桥梁。另外，我国还签署了《儿童生存、保护和发展的世界宣言》和《儿童权利公约》。

2010年7月，党中央、国务院颁布的《国家中长期教育改革和发展规划纲要》把学前教育专列一章，提出了到2020年基本普及学前教育的目标。这是国家在2000年基本普及义务教育之后，为实现更高水平的普及教育而做出的又一重大决策。中央、国务院领导多次批示，要求把积极发展学前教育、着力解决“入园难”作为贯彻落实《规划纲要》的突破口和紧迫任务，充分体现了新时期，新阶段党和国家对推动学前教育改革和发展的高度重视。

拓展与思索

国家中长期教育改革和发展规划纲要（2010-2020 年）（节选）

第三章 学前教育

（五）基本普及学前教育。学前教育对幼儿习惯养成、智力开发和身心健康具有重要意义。遵循幼儿身心发展规律，坚持科学的保教方法，保障幼儿快乐健康成长。积极发展学前教育，到 2020 年，全面普及学前一年教育，基本普及学前两年教育，有条件的地区普及学前三年教育。重视 0～3 岁婴幼儿教育。

（六）明确政府职责。把发展学前教育纳入城镇、新农村建设规划。建立政府主导、社会参与、公办民办并举的办园体制。积极发展公办幼儿园，大力扶持民办幼儿园。实行成本合理分担机制，对家庭经济困难幼儿入园给予财政补助。完善幼儿园工作制度和管理办法。制定学前教育办园标准和收费标准。建立幼儿园准入和督导制度，加强学前教育管理，规范办园行为。依法落实幼儿教师地位和待遇，加强幼儿教师队伍建设。教育行政部门宏观指导和管理学前教育，相关部门履行各自职责，充分调动各方面力量发展学前教育。

（七）重点发展农村学前教育。努力提高农村学前教育普及程度。着力保证留守儿童入园。多种形式扩大农村学前教育资源，新建扩建托幼机构，在小学附设学前班，充分利用中小学布局调整的富余校舍和教师资源。支持贫困地区发展学前教育。

请你在课后阅读以上资料，并深入解读国家在发展学前教育方面的具体措施，写一篇 800 字以上的分析报告。

第二节　学前教育的形态及其特点

学前教育的形态及特点

案例导入

案例 1：学前社会教育

在适龄儿童上幼儿园逐渐成为潮流大趋势，以及家长对学前教育越来越重视的同时，有这样一群“少数派”的“80 后”父母，他们或因为经济原因，或不认同现在幼儿园的一些教育理念，在孩子该上幼儿园的时候，选择了让孩子留在家中，由父母自己教育并照顾。

案例 2：学前家庭教育

有部分家长总认为，把孩子送进幼儿园，无论孩子的身心发展或行为习惯培养都应由幼儿园负责，极少甚至从不过问孩子在园的行为表现。更有甚者把对孩子的教育责任都推给幼儿园。

问题探讨

你对以上两个案例中家长的观点和做法是否认同，谈谈你的想法。

案例分析

学前家庭教育和学前社会教育是学前教育实施的两种形式，各有优缺点，单纯地实施其中一种教育，对幼儿的全面发展是不利的。

学前教育的实施有两种形态：一是学前家庭教育，主要由父母或其他照看者在家庭中实施；二是学前社会教育，主要由家庭以外的社会组织机构指派专人实施。

一、学前家庭教育

学前家庭教育的起源，可以追溯到家庭的产生。也就是说，自从有了家庭之后，就有了儿童的家庭教育。家庭是儿童接受教育的第一个场所，父母是儿童的第一任老师，也是最初的玩伴。在长期的潜移默化的教养过程中，儿童身上会留下父母长远的影响，因此家庭教育对儿童的健康和全面发展具有重要意义。但是由先天决定的血缘关系使学前家庭教育呈现出以下显著特点：

（一）早期性

家庭是儿童生命的摇篮，即人生的第一个课堂。幼儿期是人生熏陶渐染化的开端，人的许多基本能力是这个年龄阶段形成的，如语言表达、基本动作以及生活习惯等，性格也在逐步形成。美国心理学家布鲁姆认为，如果把他本人 17 岁达到的水平算作 100%，那么 4 岁时就达到了 50%。7 ～ 8 岁获得其中的 80%，8 ～ 17 岁又获得了余下的 20%。可见幼儿在 5 岁以前是智力发展最迅速的时期，也是进行早期智力开发的最佳时期。如果家长在这个时期所实施的家庭教育良好，将是儿童早期智力发展的关键。所以家长对儿童所施的教育具有早期性的特点。

（二）权威性

学前家庭教育的权威性是指父母长辈在儿童身上所体现出的权力和威力。家庭的存在，确定了父母子女间的血缘关系、抚养关系、情感关系。子女在伦理道德和物质生活的需求方面对父母长辈有很大的依赖性。家庭成员根本利益的一致性，都决定了父母对子女有较大的制约作用。父母的教育易于被儿童接受和服从。家长合理地利用这一特点，对儿童良好品德和行为习惯形成是很有益处的。对于幼儿来说，尤其如此。父母在儿童心目中的权威性决定着儿童如何看待接受幼儿园学校及社会的教育。子女与父母的关系是儿童最先面临的一种重要的社会关系。在这种关系中，几乎体现了社会人伦道德的各个方面，如果这种关系中形成裂痕和缺陷，儿童将来走向社会，在各种人际关系中就会反映出来。因此，强调父母权威的重要，还因为父母在子女幼年时代始终扮演着双重角色：既是儿童安全生存的保护者，又是人生启蒙的向导。父母教育的效果如何，就看父母权威树立的程度，父母权威的树立必须建立在尊重儿童人格的基础上。父母双方在教育子女的态度上首先要协调一致，并相互配合，应宽则宽，应严则严，在儿童面前树立起一个慈祥而威严的形象，使子女容易接受。

（三）感染性

父母与子女之间的血缘关系和亲缘关系的天然性和密切性，使父母的喜怒哀乐对儿童有强烈的感染作用。儿童对父母的言行举止往往能心领神会，以情通情。在处理发生在身边的人与事的关系和问题时，儿童对家长所持的态度很容易引起共鸣。在家长高兴时，儿童也会参与欢乐；在家长表现出烦躁不安和闷闷不乐时，儿童的情绪也容易受影响，即使幼儿也是如此。如果父母亲缺乏理智而感情用事，脾气暴躁，都会使儿童盲目地吸收其弱点。家长在处理一些突发事件时，表现出惊恐不安、措手不及，对子女的影响也不好；如果家长处变不惊、沉稳坚定，也会使子女遇事沉着冷静，这样对儿童心理品质的培养起到积极的作用。

拓展与思索

“怎么搞的？你看你，总是蠢得跟猪一样！”小河帮妈妈端菜却不小心把碗给摔破了，妈妈气愤地大声呵斥着。

“我数一、二、三，再不看书我就打人了！”小语跟同学约好了去公园玩，一点儿都不想在家里补习英语，可爸爸的巴掌却已经快要落下来了。

通过阅读以上的案例，谈谈你如果是案例中的孩子，面对父母的呵斥和体罚你会有什么想法。

（四）随机性

家庭教育不受时空限制，是一种生活化的、随时随地的、潜移默化的教育。“遇物而诲，相机而教”是家庭教育随机性的最好阐释。家长在抚养子女的过程中，会根据子女所处的年龄、教育环境以及家长的教育意识，在日常生活中随机进行。因此，无论孩子处于哪个成长时期，家长都要在紧张繁忙的工作、生活中将子女教育摆在家庭生活的首位，做一个有心、细心之人，注意把握生活中的每一次施教机会，不失时机地对处于任何成长时期的子女进行及时的、有效的教育。这种作用是无形的、渐进的、持久的，又是潜移默化、不易被人察觉的，常常能渗入人的灵魂。所以，父母要比任何教师都更注意为人师表，更注意谨言慎行，更注意言行一致，更注意只能把最好的东西展示给孩子，而不能把自己身上的缺点和不足、把自己内心不健康的东西展示给孩子。

家庭教育是学前教育的基石。如果家庭教育的优势发挥得好，对学前儿童的成长十分有利；反之，就会阻碍儿童的发展和成长。社会和学前教育机构对学前儿童家庭中的教育予以关心，提供科学育儿的指导。父母提升自己的素质，为孩子学习发展提供良好的榜样；为家庭学前教育担起责任，学习掌握学前儿童心理发展的基本规律，优化家庭利于孩子学习与发展的物质环境和心理环境，营造良好的家庭教养氛围和家庭文化环境；尊重、关怀孩子，多与孩子互动、一起游戏，在生活中教育，用生活来教育，为生活而教育，促进孩子身心健康、快乐成长。

拓展阅读

司马光的故事

幼时因急中生智破缸救人的宋代历史学家司马光，千百年来被人们视为慧光早现的“神童”。其实，司马光的成长与他父母对他得当的家教是分不开的。司马光的父亲司马池是一位胸怀大志的知识分子，他没有沉湎于几十万家产之中，而是专心读书，锐意进取。在成家立业之后，以做学问的认真态度和质朴做法来待人处事，培养子女。司马光的母亲聂氏，也是一位知书达理、才德俱佳的女子。宋天禧三年，司马光就诞生在这个书香门第和贵胄之家，在严父慈母的直接影响和教育下，度过了自己的少年时代。

司马光六岁开始读书。起初，他对所学的东西不能理解，背书也记不住，往往都是同窗们都背会了，他还没背出来。父亲知道了，就告诉他：读书不能只是机械地背诵，还要勤于思考，弄懂意思，诵读与理解并重。于是，别人做游戏时，他不去，一个人找个清静的地方苦苦攻读，直到把书背得滚瓜烂熟为止。很快，他的学业进步了，对学习的兴趣也越来越浓厚。第二年，他开始学习《左氏春秋》，书不离手，句不离口，刚听完老师的课，他就能够明白书的大意，便讲给家里的人听。渐渐地，他像着了迷一样，常常因学习忘了吃饭睡觉。父亲不仅关心他的学业，而且在做人上严格要求。司马光五六岁时，一天，他想吃青核桃，姐姐替他剥皮，却怎么也剥不开。姐姐走开后，一个女仆把青核桃放在开水里烫了一下，皮就很容易剥了下来。姐姐回来一看，便问是谁剥下来的，他说是自己剥的。这个过程恰巧被父亲知道了。见他撒谎，父亲就严厉地训斥他：“怎么能这样撒谎！”这件事虽然很小，但却给他留下很深刻的印象。从此，无论是为人处事，还是学习，他总是十分诚实，不敢有半点虚假。

在父母的教诲下，司马光到了15岁，便“于书无所不通，文辞醇深，有西汉风”。而且，学到的知识都很扎实，以至“终身不忘”。后来，他用了19年心血，终于完成了篇幅浩瀚、纪事广博的编年巨著《资治通鉴》。

二、学前社会教育

学前社会教育是指学前教育的实施是通过学前教育的机构来进行的。凡由社会（包括国家、单位、社区、私人）设施或资助、指派专人实施或辅导的各种形式的学前教育，都是学前社会教育。

（一）学前社会教育的特点

1. 群体性

学前设施面向众多儿童，不是针对单个个体进行。学前社会教育机构一般以班级为基本的单位对幼儿进行教育，幼儿教师虽然有时候施行个别的因材施教，但是，分班教学决定了教师更加注重幼儿群体的发展。

2. 目标性

学前社会教育机构的教育过程是贯彻国家的教育目的和教育准则的过程，是根据幼儿身心发展的过程来开展和实施的教育。学前社会教育机构有明确的教育目标，体现了机构的努力方向，统率着全部教育活动并制约着全部管理活动。确立和实施科学的教育目标，是管理的首要任务。

3. 专业性

学前社会教育机构是专业化机构，要求从事从业人员需要经过一段时间的专门培养，接受专业知识，训练专业技能，理解专业伦理，并需要通过一定的实践加深理解，为从事专业工作做好准备。只有这样，他们才能拥有专业素养，真正成为不可替代的专业从业人员。幼儿教师是经过专业培训的专职人员，具备一定的教育理论知识和实践知识，能根据幼儿的基本心理和特点开展工作，保证幼儿教育的科学性。

4. 多样性

随着我国社会主义经济体制改革的日益深入，人们的生活节奏加快，时间意识增强，人员流动增大。在这种新形势下，学前教育机构的类型单一，服务范围狭窄已不能满足社会需求。家长要求办学形式更加多样化，除了全日制之外，还应有半日制、计时制和寄宿制等。因此，学前教育机构的办学形式应该更加多样化才能适应家长工作、学习和生活的需要。

（二）学前社会教育机构

学前社会教育机构有多种形式，主要有以下几种：

1. 托儿所

托儿所具有教育性和社会福利性的双重性质。托儿所是对 0 ～ 3 岁的儿童进行教育的专门社会教育机构，全天开放。托儿所的主要教育任务是培养幼儿的基本动作，进行适当的体格锻炼；发展幼儿理解和运用语言的能力，使幼儿的智力得到发展；对幼儿进行友爱、礼貌、诚实、勇敢等良好的品德教育；培养幼儿的饮食、睡眠、衣着、盥洗和与人交往等各方面的习惯。从 3 岁前甚至更低龄儿童的特点来看，托儿所这类服务于低龄幼儿的学前教育机构仍将长期存在。

2. 幼儿园

幼儿园是对 3 ～ 6 岁的儿童进行教育的专门社会教育机构。幼儿园实施保育和教育相结合的原则，即通常所说的“保教结合”。幼儿园的保教任务主要是对幼儿实施体、智、德、美诸方面全面发展的教育，促进幼儿身心和谐发展。同时为家长参加工作和学习提供便利条件。幼儿园从经营的经济性质上大体有三种：第一种是政府的教育系统、企事业等单位办的幼儿园，这一性质的幼儿园为公立园；第二种是集体力量办的幼儿园，如街道幼儿园、村办幼儿园，一般是集体体制的幼儿园；第三种是个体经营者办的私立幼儿园。儿童按年龄进行分班，小班班容量 25 名幼儿，中班班容量 30 名幼儿，大班 30 名幼儿。每班一般设有 2 个教养员，1 名保育员，或是两班合用 1 名保育员。教养员入职前要经过专门的幼教师资培训，以及在职的学历培训和业务提高训练。

3. 幼儿班

幼儿班也称为“学前班”，主要存在于农村和城镇，其设置附属于小学，作息时间也是模仿的小学作息时间。招收学龄前的儿童，有些地区采取混龄教学，有些地区采用按年龄分班教学，也有大、中、小班的设置，每班 40 人左右。由一名教师负责，教师多采用分科教学。

4. 早教中心

早教中心是婴幼儿早期教育服务中心等机构的简称，是专门为 3 岁前婴幼儿的父母或家人提供儿童早期教育指导和帮助的服务机构。需要特别注意的是，早教中心并不是要教孩子什么，主要是指导孩子的父母和家人，在生活中如何给予孩子关爱的同时进行启蒙教育，开发大脑智力潜能，培养孩子良好生活习惯以及性格等，使孩子的心智及身体更好地发育。

拓展与思索

请调查一下你所在的县或区学前教育机构的类型及发展情况，做一份详细的调查报告。

第三节　学前教育的基本规律

案例导入

中美不同社会观念下孩子的“稳重与活泼”

美国人喜欢孩子富有孩子气，儿童活泼好动不仅被视作正常的表现，而且被看作一大优点。中国人在评价孩子的性情时，“稳重”是一大优点，“好动”是一大缺点。通常情况下，中国幼儿教师对一个幼儿的最高评价就是“特稳”，而这种被中国教师夸赞为“特稳”的孩子，在美国人的眼里则因其不像真正的孩子而被视作不正常。

与美国幼儿园相比，中国的幼儿园强调秩序井然，要求孩子约束自己的行为，控制各种过激情绪的表达，因此中国的幼儿园总是安静多于吵闹。譬如吃饭，中国的教师要求孩子不许说话，而美国的孩子吃饭时可随便说话，甚至相互打闹。

美国人总觉得中国的幼儿园太死板、没有生气，幼儿根本不像孩子。与国外孩子比，中国的孩子兴奋度有限。譬如，在节日里，中国孩子与外国孩子一起联欢，结果在外国孩子欢声笑语乃至狂呼大喊的对比下，中国的孩子只是安静地坐着，全然没有外国孩子们那种狂喜欢畅的表情、神态。

于是成人们便带着困惑而感叹，中国的孩子居然不会欢呼。其实，就与生俱来的天性而论，中国的孩子与外国的孩子没什么差距。他们都有着同样强的表现欲和自然的表现力，只是在后天的社会化过程中，中国孩子受到了来自家庭、教育机构以及社会的高强压力的自抑训练，结果许多天性便被逐渐消除了。

问题探讨

你对以上案例表述的观点怎么看？谈谈你的想法。

案例分析

中国的成人希望孩子安静、不动，一方面是出于好看管、省心的现实需要，另一方面也是出于传统文化的性格审美观。不论是有意的还是无意的，从实际效果来看，喜静不喜动的传统性格审美观以及相应的行为规范表达了成人对儿童兴奋状态的反感与压抑。由此可见，一个国家的教育观念和评价标准受制于本国的社会文化特点。

作为整个教育系统的最初阶段，学前教育以入学前的儿童为教育对象，它有其不同于其他教育阶段的价值定位、形式制度、实施机构和实践体系。因此，学前教育必然存在其本身所固有的独特规律。即包括学前教育适应于社会发展的外部规律和适应于儿童身心发展的内部规律两个基本方面。适应外部环境特别是社会发展水平的要求是对学前教育外部规律最基本、最一般的概括。而作为外部基本规律的具体表现，经济、政治、文化、人口、科技、自然生态等社会发展的基本因素各自在不同时空背景下对学前教育的支持或制约便是学前教育的外部特殊规律。适应和满足学前儿童身心发展的特点与需要可视为学前教育的内部基本规律。学前教育的内部基本规律直接表现为学前教育教学对于学前儿童的生理发展、心理发展以及人格发展等诸多方面的适应和促进。

一、学前教育的外部规律

（一）社会经济与学前教育

经济是人类社会生存和发展的基础，一定的经济发展水平为教育提供了经济条件，并对教育发展提出了一定的要求。经济与学前教育的关系具体体现在以下几个方面：

1. 社会经济的发展促进学前教育的发展和学前教育机构的产生

一方面，社会经济的发展、生产力水平的提高增加了社会物质财富，为建立学前教育机构提供了坚实的物质基础；另一方面，由于工厂的发展，雇佣大批女工，母亲参加劳动，幼小儿童无人照看，产生了社会问题，从客观上提出了建立学前教育机构的需要。

2. 学前教育的任务、手段、内容受社会经济发展的影响

随着社会经济的发展，学前教育的任务也不断发生变化，由早期的“看护儿童”到20世纪60年代的“早期开端方案”，同时学前教育机构的设置有了较快的发展。新中国成立以来，学前教育机构逐步转向以教育儿童，促进他们体、智、德、美全面发展为主要任务。

社会经济发展能创造更多的物质财富，为丰富和更新学前教育的内容和手段提供了条件。在教育内容方面，扩大了认识社会环境和自然环境的内容和要求，注重认识周围事物的兴趣和求知欲的发展，注重儿童智力的开发和能力的培养，特别是创造力方面，同时还

注重儿童社会交往能力的培养。在教育手段方面，儿童游戏的内容与形式更为丰富多彩，利用儿童的日常生活环节开展教育，组织各种观察、操作和实验活动，并且运用录音、电影、电视及多媒体等现代化教学手段，不断提高学前教育质量。

3. 学前教育为促进社会经济发展服务

接受过一定程度的教育及专业培训的高素质劳动者，是提高生产效率、增加社会财富的必要条件。学前教育是整个教育的准备阶段，为培养高素质的人才夯实基础。教育学和心理学的研究表明，提高人的素质，不只是在学校教育，很重要的是在入学前的教育。学前教育不仅有助于培养高素质的劳动力，而且推动了科学技术的发展，大大提高了劳动生产率。学前教育有利于解放妇女，减轻家长负担，通过保护和解放劳动力，直接为发展经济服务。

 **拓展阅读**

补偿教育

20世纪60年代后期起，补偿教育作为一项教育政策开始在美国、加拿大、以色列等国付诸实施。最大规模开展这项活动的是美国。美国补偿教育的形式包括学前班、中小学各年级课后补习班、暑期班等，美国政府于1964年提出“反贫困计划”后开始实施，并在此后大力推行。其中，“早期开端方案”（Head Start）为影响力最大的补偿教育计划。“早期开端方案”的服务对象是家境贫困而又缺乏文化条件的儿童，其中多半是黑人、犹太人、北极爱斯基摩人的子女和波多黎各移民的子弟。该计划的目的包括健康与营养、福利、教育的准备等方面，主要强调教授给儿童基本的语言和学业知识，发展他们的阅读和解决问题的技巧，促进他们认知的发展，培养他们的自我概念、态度以及社会性情感。到1973年，已有100万儿童参加了这项教育计划。它帮助这些处境不利的儿童发展了智力，促使他们在未来的学校教育中有更大的成功机会，并建立起他们的自信心和自尊心。

（二）社会文化与学前教育

广义的文化是人类社会历史实践过程中所创造的物质成果和精神成果的总和。狭义的文化则主要指社会的精神文化，即社会的价值观念、思想道德、科技、教育、艺术、文化、宗教、传统习俗及其制度的一种复合体。

1. 社会文化对学前教育的影响

文化是经济政治作用于学前教育的中介，即文化传导一定的经济政治的要求，反映一定的政治经济的性质与水平，如舆论文章、书籍、影视导向正是现实文化反映政治经济的要求，从而影响学前教育的发展方向与发展水平。文化还制约着学前教育的目标、内容、组织形式等。

2. 学前教育对社会文化的影响

教育在传递文化的过程中进行有意识的去粗取精的主动选择，保证将社会文化的精华和社会的主流文化传递给下一代。学前教育有选择地继承文化遗产，保存现有文化模式，并借助课程形式，向受教育者提供适应社会生活的知识、技能、行为规范和价值观。此外，学前教育实践的发展，不断促进为幼儿开发的课程、教材、玩具、图书等用品的更新、变化，这本身就是一种文化的创新。

根据文化与学前教育的关系，我们应该注意以下几点：① 我国传统文化的精华和世界文化的精髓，如伦理教育、发展群体观念与个性等应在学前教育内容中反映出来。② 根据家庭与区域环境的文化水平状况设计学前教育，组织学前教育。③ 关注文化信息传播，不断吸收新文化（知识、观念、技术），丰富教育，改善教育。如电化教育手段之利用。④ 根据国情、乡情和儿童水平选择文化。⑤ 改革学前教育，适应文化变迁，为未来培养儿童，面向未来 21 世纪的学前教育，适应文化变迁对人的要求。同时我们也应该大力普及学前教育知识，重视社会育人工程。

（三）社会变迁与学前教育

社会变迁泛指一切社会现象的变化和发展。急速的社会变迁不仅表现在社会生产方式的变革上，而且也表现在人们生活方式、思维方式和行为方式等的变化上。

1. 高度科技化与学前教育

高度科技化是现代社会变迁的重要特征。它带来了综合国力的增强，社会的发展和人民生活水平的提高。高度科技化，是社会发展所需要的，也是社会发展的必然。但是在科学日益发展的过程中，必须重视伴随着科学高度发展所带来的一些不良影响和负面效应。我们常说，高科技是一柄“双刃剑”。我们应该能够理解，科学技术本身是没有好坏之分的，使它有正负效应之分，是因为占有和使用它的人。

现代社会科学技术的高度发展，物质产品的高度技术化、智能化和自动化，使学前儿童在享受现代物质文明的同时，也承受着高新技术对其发展带来的负面影响。一方面，电视机的普及、电脑的产生、电动玩具的开发，极大地丰富了儿童的生活、扩大了知识面、增加了信息量、拓展了思维、开发了智力；另一方面，也造就了一批“电视儿童”：越来越多的儿童以电视、电脑、电动玩具为玩伴，被过多地限制在荧屏前、桌面上，以大脑活动和小肌肉操作取代其他各种丰富的活动，越来越多的儿童将自己封闭起来，长时间单独一个人被动地接受信息，只追求视觉、听觉的刺激，而舍弃触觉、运动觉的感受，这对于学前儿童的人格发展极为不利。

拓展与思索

美国儿科学会在《儿科学杂志》发布新指南：18 个月以下的婴幼儿应避免使用任何电子设备，与家人的视频通话除外；18 个月至 2 岁的小孩，家长应该挑选高品质的节目或视频，与孩子一起看，帮助孩子搞清楚看的是什么内容；2～5岁，每天看屏幕的时间不应超过1小时，建议家长与孩子一起看，交流所看内容，并帮他把学到的知识应用到生活中。5岁以下，在上床前1小时内应禁止使用任何电子设备。家长与孩子玩耍时，手机应设置为勿扰模式。学龄儿童与青少年看屏幕的时间可由父母决定，父母做决策的标准是使用电子设备不影响孩子的睡眠、身体活动及其他有益健康的行为。父母还可以规定在吃饭等时间，在卧室等地点，不能玩手机、玩电脑或看电视。

请根据以上资料，谈谈你对幼儿使用电子产品的看法。

2. 高度工业化与学前教育

随着社会和科学技术的不断发展，加剧了工业化的进程。所以，现代社会的发展，往往又是以高度工业化为明显特征。可以说，生活在日益工业化的社会的学前儿童，在领略现代文明的同时，正面临着前所未有的环境污染问题，大气污染、噪声污染、电磁污染、水污染等，工业化带来的环境污染问题，深受其害的首先是学前儿童，如铅中毒对儿童健康的危害极大。近十年来，国内外的一些调查已证明，工业区内居住的儿童，铅中毒流行率多在85%以上；普通城市居住的儿童，铅中毒的比例为50%。造成儿童铅中毒的途径主要有工业生产、废气污染、室内装修（材料、家具）、食品中的皮蛋和爆米花等。大工业的发展，一方面为社会创造了越来越多的物质财富，另一方面也在消耗着能源、自然资源，造成不可低估的环境污染问题，对学前儿童健康危害极大。

3. 高度城市化与学前教育

城市化标志着人类社会的进步和现代文明，但也出现了“城市环境综合征”，其中空间环境缺失问题对儿童带来十分不利的影响。首先，大都市的兴起割断了学前儿童与大自然的天然联系；其次，鳞次栉比的城市建筑占据了儿童活动空间，使得儿童失去了共同游戏的场所。

4. 住宅高层化、独立化与学前教育

高层化、独户化大大地改善了居住条件，是现代社会的又一个特征。日本的研究发现：住高楼的儿童，由于室外活动少，与社会的隔离机会增多，机体抵抗力下降，患传染病、受感染的机会增多。同时还发现：与伙伴的交往能力降低，自理能力形成较晚。我国的有关研究也得出类似的结论：高层独户化对于成长期的学前儿童来说，有碍于其能力、人格和健康的发展。

拓展与思索

请观看由王朔长篇小说改编的电影《看上去很美》，阐述政治、经济、文化等因素对学前教育的影响。

二、学前教育的内部规律

学前教育的内部规律是学前教育自身诸多要素之间的本质联系及其发展的必然趋势。

如课程内容设计与组织的有机性，教学中的目标、内容与方法之间的内在一致性，幼儿园一日活动中教学与游戏的合理融合，保育和教育的相互结合等，这些都是学前教育内部规律在不同层面上和不同过程中的具体体现。

在构成教育的基本要素中，受教育者是最重要的核心要素。作为学前教育的教育对象，学前儿童的发展是学前教育中一切教育教学的出发点，也是一切教育教学的最终归宿。在学前教育内部复杂多维的关系体系中，学前教育与儿童发展之间的关系是最基本的关系范畴，它对其他诸因素具有普遍的制约和统摄作用。所以适应和满足学前儿童身心发展的特点与需要可视为学前教育的内部基本规律。学前教育的内部基本规律直接表现为学前教育教学对于学前儿童的生理发展、心理发展以及人格发展等诸多方面的适应和促进。

（一）学前教育影响学前儿童的心理发展

学前儿童的心理发展包括心理过程各种机能及个性心理特征，适宜的学前教育能够促进幼儿心理各方面的发展。

学前期的儿童处于身体与智力发展最迅速的阶段，也是个性形成的重要时期。研究表明，婴幼儿具有巨大的学习潜力，比如，婴儿在3个月时便能进行多种学习活动；1岁婴儿能学会辨认物体的数量、大小、形状、颜色和方位；幼儿具有很强的模仿力、想象力和创造力。学前期还是个体心理多方面发展的关键期。在关键期内，个体对于某些知识经验的学习或行为的形成比较容易，而如果错过了这一时期，在较晚的阶段再来弥补则是很困难的，有时甚至是不可能的。研究发现，2～3岁是个体口头语言发展的关键期；4～6岁是儿童对图像的视觉辨认、形状知觉形成的最佳期；5～5岁半是掌握数概念的最佳年龄；5～6岁是儿童掌握词汇能力发展最快的时期。同时，学前期还是人的好奇心、求知欲、想象力、创造性等重要的非智力品质形成的关键时期。

已有研究证明，早期教育对于儿童的认知发展具有重要影响。单调、贫乏的环境刺激和适宜的学前教育的缺乏，会造成儿童认知方面的落后，而为儿童提供丰富的感性经验并给以积极的引导、帮助和教育则能够促进其认知的发展。早期丰富的刺激和科学的教育不仅有助于儿童认知的发展，而且将有利于增进儿童身心健康、促进儿童全面、和谐而又充分的发展，为今后成才和可持续发展奠定基础。

（二）学前教育受学前儿童发展的制约

学前教育能影响学前儿童的发展，但是，学前教育要发挥这种作用，必须理解并遵循学前儿童的发展规律，违背学前儿童身心发展特点的学前教育是不能起到正面的促进作用的，这是学前教育和学前儿童相互关系的另一体现。

1. 教育必须考虑儿童身心发展的水平

儿童身心发展具有一定的顺序性和阶段性。一方面，儿童的身心发展成为一种连续的、不可逆转的过程；另一方面，身心发展到一定时期或一定程度就会发生质变，形成相对稳定的发展阶段，表现出阶段性。每一个阶段儿童身心发展有着不同的发展水平，标志着该阶段的特征。

一个人只要具备基本的社会生活条件，在种系遗传的基因控制下就会按一定顺序发展成长，所以每个人身心发展的顺序、发展阶段、年龄特征和变化速度总是大体相同的，具有相对的稳定性。但在不同的社会生活和教育条件下，同一年龄阶段的儿童身心发展水平就会有差异，具有一定的可变性。身心发展的稳定性与可变性都是相对的。

因此，学前教育在遵循儿童身心发展的顺序性和阶段性的同时，要注意还具有一定的可变性。当然，教育既要以儿童身心发展的年龄特征为依据，又要考虑到个别差异性，因材施教。

2. 学前儿童身心发展特征的制约

首先，儿童的身心发展水平制约学前教育的难易程度。各级学前教育的目标要求有高低之分，内容有难易之别，形式方法也有繁有简，这些都是受儿童的身心发展水平制约的。

其次，儿童身心发展的速度制约学前教育要求递进的坡度。儿童身心发展的各个方面具有不均衡性，时间有先有后，速度有快有慢，这就使得学前教育要求提高的跨度应与儿童身心发展的速度相符。

再次，儿童身心发展的年龄特征决定学前教育的阶段性。儿童身心发展过程虽然是一个连续不断的变化过程，但在不同的年龄阶段，儿童的身心发展表现出了较一致的、共同的规律，这就是儿童身心发展的年龄特征。儿童身心发展的年龄特征使得学前教育呈现出一定的阶段性。

最后，儿童身心发展的个体差异使学前教育具有多样性。儿童身心发展的个体差异主要体现在多方面，不同儿童的身心素质结构和关系不一样；每个孩子的情感、意志和个性相异；即便在同一方面，每个儿童的身心发展水平和速度也不相同。因此，教育者就必须深入了解每个儿童的个性特征，从每个儿童的实际出发，做到因人而异、因材施教。

总之，学前教育既要与儿童身心发展水平相适应，同时又要积极引导和促进儿童的发展，不能消极适应和迁就。

思考与练习

1. 学前教育的产生和发展经历了哪些阶段？每个阶段表现出哪些特点？
2. 学前家庭教育的特点有哪些？
3. 学前社会教育的特点有哪些？
4. 学前教育的外部规律是什么？
5. 学前教育的内部规律是什么？

第二章 学前教育基本要素

学前教育基本要素

学习导航

1. 了解学前教育的基本要素的构成；
2. 熟知学前儿童的特点；（重点）
3. 掌握正确的儿童观；（重点和难点）
4. 掌握学前教育教师的专业素质构成；
5. 掌握学前教育的主要内容及学前教育环境的创设。（重点）

学前教育的基本要素包括学前儿童、学前教育教师、学前教育内容和学前教育环境四个方面。学前儿童在教育过程中是学习的主体；教师是受过专门训练的教育者，是教育活动的主导者；教育内容是教师对儿童施加教育影响，完成教育目标的中介；教育环境包括家庭、学校和社会环境等，是开展教育活动的有力保障。这四个方面的要素相互联系、相互制约，各自发挥着重要的作用。

第一节 学前儿童

案例导入

《幼儿园》

请在课前观看导演张以诚的纪录片《幼儿园》，它以一种间接批判式的眼光来审视中国当前的社会状态和现实问题。纪录片以一群孩子为叙事对象，通过记叙他们从入园到大班毕业的故事，用儿童的口吻和视角来反映当代中国儿童的教育现状以及社会错误价值观对孩子性格的影响。

问题探讨

观影后，请谈谈你的感受。我们每个人都有童年，你是怎样看待儿童的？儿童有哪些特点？

案例分析

每位观众看完这部纪录片后都应该是感同身受的，都能产生共鸣。因为每个人都有过

童年生活，童年是人一生中最值得回味的幸福时段，天真无邪、淳朴自然。《幼儿园》这部纪录片以纪实的形式，完美地展现了童年生活的本真。

镜头里面的孩子拽着大人的衣角看着别的孩子在幼儿园门口声嘶力竭，似懂非懂的脸上写满了莫名的表情，也许下一个轮到的就是自己。他们即将离开父母的怀抱，从周一到周五，吃自己并不喜欢的饭菜，和自己并不喜欢的人同处一室，属于自己的独立空间被完全打破，然后被老师们以同样的规则规范着，用同样的方式管理着。

其实，那些都是我们的孩子，也是曾经的我们。将来还会是我们自己的孩子。圣埃克苏佩里说过："所有的大人都曾经是个孩子。（可惜，只有很少部分大人记得这一点。）"

一、学前儿童的特点

学前儿童的特点

学前儿童是指从出生到入小学前的0～6岁儿童。根据学前儿童的身心发展特征，其教育又分为0～3岁的早期教育和3～6岁的幼儿教育。

（一）0～3岁婴幼儿的身心发展

学前儿童刚出生时还是一个自然实体、自然人，在母亲的哺育下，生理、心理和行为都迅速发展。婴幼儿身心发展的主要表现是：

1. 大脑的发育

大脑以一种惊人的速度迅速生长，新生儿出生时，大脑占成人人脑重量的25%，到两岁时已占成人脑重量的75%，6岁时已接近成人。儿童大脑的发育包括大脑结构的变化、神经系统的发展和大脑的分化、发展等。

2. 身体的发展

0～3岁儿童身体的生长发育十分迅速，表现在身体大小、比例和骨骼的生长，其动作技能伴随着神经系统的发展，逐渐能够掌握自己的身体。

3. 语言的发展

哭是新生儿的一大特征。刚出生时哭声是未分化的，一个月后婴儿的哭声就渐渐分化，得以让父母能辨认出是饥饿还是痛苦。随着母亲不断地与之交流，一岁左右婴儿就开始学叫爸爸妈妈，渐渐进入单词句阶段，用简化的语言、简单的句子与人谈话。孩子两岁前会结束单词句，其词汇量也增加到200个左右。他的语言表达能力有了很大发展，最大特点是"学舌"和"接话"：妈妈说什么，孩子跟着说什么，或者爸爸说儿歌孩子会接最后一两个字。

4. 认知的发展

儿童行走、抓握等动作技能的发展，使之有能力可以在更大的范围里学习、探索周围世界，大大促进感知觉及其整合能力的发展、思维的发展。0～3岁儿童的思维发展是以直觉行动性思维为主要特征，并逐渐发展其直观形象思维。

5. 情绪与社会性发展

新生儿就渐渐开始有感兴趣、痛苦、厌恶和快乐的情绪表现，而后出现有愤怒、悲伤、欢乐、惊讶和害怕等情绪，半岁以后又出现惊奇、害羞和嫉妒等情绪，而且在与父母的互动中表现出一定的情绪情感的辨别能力，形成自我意识，逐步增强自我调节能力，萌发道德感，获得早期社会性发展。

（二）3～6岁幼儿的身心发展

儿童出生以后，在一定的社会生活和教育条件下，经过三年的时间，已从一个软弱无能的个体发展到能够到处走动，广泛操纵物体，进行初步的言语交际，并且能从事一些简单的活动。

1. 身体与动作的发展

大脑的两半球分别控制着身体的不同区域，各自执行不同的功能。脑的重量发展到6岁，就已经接近成人。随着脑的发展，幼儿在很大程度上发展了身体各部分，尤其动作的协调性。随着身体变得更加成熟，中枢神经系统不断发展以及活动范围更加广泛，幼儿开始不断地校正自己的动作，以适应新的环境的挑战，并要达到更新的目标。随着儿童的体型变得更加趋向成人，不再头重脚轻，儿童的平衡发展很快，运动促进了走、跑、跳、投掷、攀登等大动作的发展：如同大动作一样，小动作的发展也获得了较大提高。幼儿手眼协调水平和对小肌肉的控制能力迅速提高。

2. 心理发展的特点

（1）游戏有效满足幼儿心理发展需求。进入幼儿时期的儿童，由于身心各方面的发展，初步产生了参加社会生活的愿望。这就是说，一方面，幼儿开始产生了新的需要，即渴望参加成人的社会实践活动，特别是劳动和学习活动的需要。但是，另一方面，我们也会看到，幼儿的能力还是非常有限的，还不能很好地掌握自己的行动。幼儿的知识经验还非常缺乏，还不能很好地控制自己，使自己的行为服从于比较远大的目标。因此，儿童渴望独立参加社会实践活动这种新的需要跟从事独立活动的经验及能力水平之间产生了重大的矛盾。这是幼儿期儿童心理上的主要矛盾。而游戏活动就是解决这一矛盾的主要形式。在游戏活动中，儿童心理的主要矛盾逐步得到解决，从而也就推动儿童心理不断向前发展。

（2）幼儿各种心理过程带有明显的具体形象性和不随意性，抽象概括性和随意性只是刚刚开始发展。例如，幼儿园的老师问孩子们："什么是马？"小班孩子回答："就是那个大马。"中班孩子回答："马有头，有尾巴，有四只脚，会拉车。"大班孩子回答："马是动物。"幼儿在不断形成一般表象和基础的概念，渐渐能对事物进行分析、综合、抽象、概括，从而进行初步的逻辑思维。但由于知识经验的贫乏和言语还不够发展，主要还是以直观表象的形式来认识外界事物，概念只是具体形象水平上的，逻辑思维都具有很大的直观形象性的特点，需要直观形象的不断支持和强化，否则就会有很大的困难。从4岁开始，特别是到了五六岁，儿童的各种心理过程的随意性和稳定性都得到不断增长，为进入小学学习准备了重要条件。

拓展阅读

幼儿心理过程的不随意性和随意性

幼儿心理过程的不随意性（无意性）：指幼儿的心理过程会受到外界环境的影响，外部环境发生改变，幼儿心理活动的目标也随之改变。

幼儿心理过程的随意性（有意性）：指幼儿凭自己的愿望和意志保障心理活动的正常进行。

（3）幼儿开始形成最初的个性倾向。婴儿的行为主要受直接作用于他的事物支配，把这些事物挪开了，儿童的心理活动也就随之停止或改变，带有很强的直觉行动性。到了幼儿时期，由于儿童在教育影响下，大脑皮质抑制的迅速发展和言语系统的初步发展，行为的自觉性就逐渐发展起来，能逐渐使自己的行为服从较远的目的，自我意识得到发展。3 岁以后，幼儿对他人及他人心理实践有了进一步的理解，交往能力不断提高，喜欢与同伴一起游戏。随着自我意识的发展，幼儿对性别角色的认识、初步的道德感、友谊感也得以发展，形成最初的个性倾向，并形成人的一生发展的基础。

拓展与思索

让孩子画画，尤其是小班和中班的孩子，你问他画什么，有的孩子不知道画什么，或者有的孩子说画汽车，然而在画的过程中，很可能出现的不是汽车的形象。

这反映的是幼儿心理活动的什么特点？

二、树立正确的儿童观

进入 20 世纪中后期，随着人权运动的高涨和现代科技的发展，尤其是生理学、心理学、脑科学研究的进展，进一步确认了儿童的潜能和能力，为现代儿童观奠定了坚实的科学基础。国际社会开始普遍重视保护儿童的权益，人们对儿童予以前所未有的关注，儿童及儿童权益越来越受到人们的重视和尊重，人们对儿童的特质和能力的认识将日益趋于科学化。现代儿童观可以概括为以下几个方面。

（一）儿童是独特的人

儿童是正在发展中的独特的人，而不是一个缩小的大人，其身体结构、生理和心理均不同于成人。成人在教育儿童时必须尊重儿童的年龄特点，不能把他们看成是微缩的成人。儿童身心发展具有自己的特殊规律，成人必须尊重这个规律，并及时把这个规律作为教育的契机，抓住儿童身心、社会性发展的关键期。任何教育，如果与儿童身心发展规律对抗，对儿童来说都是不道德的，也亵渎了教育本身。我们必须把儿童视为有自身特点的独特个体。

另外，每个学前儿童具有不同于其他同龄儿童的个体差异。每个儿童是一个独立的、完整的个体，遗传素质、生活环境和教养方式的差异导致了儿童在性格、气质、智力、生活习惯等多方面的差异。因此作为教师应当认识儿童的个体差异，尊重儿童的个体差异，这样才能做到因材施教，保证每一个儿童充分发展。

（二）儿童是发展中的人

学前儿童是具有发展潜力的个体，他们的身心发展是一个由量变到质变的过程，是在遗传与环境等各种因素的作用下，遵循一定的规律逐步成熟、不断发展的。儿童极大的可塑性和未完成性，一方面使得成人对儿童的关注和教育更多是需要理解、需要发现，而不是简单地强加或命令，不是成人、教育者的一意孤行的塑造；另一方面，教育也不是放任自流，要自始至终引导儿童向上发展。儿童有自己独特的认识方式、成长特点。只有提供与儿童身心发展水平相适应的环境和教育的条件，才能最大限度地发展儿童的潜力。儿童是完整的社会人，应尊重和满足儿童各种发展的需要，促进儿童在体、智、德、美、劳等各方面得到充分发展。

（三）儿童是具有主体性的人

儿童与成人彼此平等，具有独立的社会地位，法律赋予了儿童基本的人权，应该得到全社会的关爱和保护。1989 年联合国大会通过的《儿童权利公约》中明确规定儿童最基本的权利包括四种，即：生存权——每个儿童都有其固有的生命权和健康权；发展权——充分发展其全部体能和智能的权利；受保护权——不受危害自身发展影响的、被保护的权利；参与权——参与家庭、文化和社会生活的权利。

儿童是有能力的、积极主动的权利主体，应有主动发展自己潜能的机会，在出生、成长、发育的过程中，成为自主的行动者，能表达自己的主张和意见，充分行使自己的权利。因此，我们要充分尊重儿童的主体性、独特性和完整性，将儿童的天性与教养、成熟与学习多种因素结合起来，维护和引导发儿童内在的先天素质与自然的发展，并提供适宜的环境，使其健康成长。

拓展与思索

案例 1：

妈妈见弹钢琴能培养孩子的兴趣和贵族气质，从小就培养佳佳练钢琴，每天练琴一小时。可佳佳喜欢的却是画画。面对妈妈每天的逼迫，佳佳忍无可忍，说：“妈妈，你若再要我练琴，我就砸掉钢琴，从这个楼上跳下去。”

案例 2：

这节数学课的内容是复习 6 以内的加减法。老师讲解后要小朋友练习。很多同学都做好了，并得到了老师奖励的小红花，只有晓晓还没有做好。晓晓说：“老师我不会做。”老师耐心地教她。晓晓还不会做，拿着书问老师：“老师，是不是这样做的啊？”老师不耐烦地说：“你怎么这么笨，刚才你小耳朵在听什么？自己想！”晓晓无奈地坐回自己的

位子上。她还是不会做，就拿起笔在本子上画起画来。老师走过去一看，顿时火冒三丈：“你吃什么的啊，怎么教都教不会，不要读书就回去要饭好了！”孩子一脸无辜地看着她。

你对以上两个案例中家长和老师的做法是否认同，谈谈你的想法。

实际上，不管是家长还是老师，都应该尊重孩子，关注孩子的需要。每一名儿童都是独特的个体，成人应该尊重和满足儿童的各种发展需要，使其健康成长。

拓展阅读

儿童权利的法律保障

1923 年，《儿童权利宪章》被救助儿童国际联盟所认可。

1924 年，第一份《儿童权利宣言》（《日内瓦宣言》）诞生。

1948 年，联合国大会通过《世界人权宣言》。

1959 年，联合国大会通过《儿童权利宣言》，明确了各国儿童应当享有的各项基本权利。这是第二份《儿童权利宣言》。

1979 年，《儿童权利公约》起草工作开始。联合国将这一年定为国际儿童年。

1989 年，历时十年，《儿童权利公约》的起草工作终于完成。11 月 20 日在第 44 届联合国大会上《儿童权利公约》获得一致通过。

1990 年，1 月 26 日《儿童权利公约》向所有国家开放供签署，当天就有 61 个国家签署了该公约。《儿童权利公约》在获得 20 个国家批准加入之后，于 9 月 2 日正式生效。

1990 年 9 月，在《儿童权利公约》刚刚生效之后，世界儿童问题首脑会议在纽约联合国总部召开，这是历史上第一次专门讨论儿童问题的首脑会议。会议通过了《儿童生存、保护和发展世界宣言》和《执行九十年代儿童生存、保护和发展世界宣言行动计划》。《宣言》和《行动计划》是国际社会对保护儿童权利所做的政治承诺和具体方案。

1990 年 8 月 29 日，中国常驻联合国大使代表中华人民共和国政府签署了《儿童权利公约》，中国成为第 105 个签约国。

1991 年 12 月 29 日第七届全国人民代表大会常务委员会第 23 次会议决定批准中国加入《儿童权利公约》，同时声明：中华人民共和国将在符合其宪法第二十五条关于计划生育的规定的前提下，并根据《中华人民共和国未成年人保护法》第二条的规定，履行《儿童权利公约》第六条所规定的义务。

1992 年 3 月 2 日，中国常驻联合国大使向联合国递交了中国的批准书，从而使中国成为该公约的第 110 个批准国。该公约于 1992 年 4 月 2 日对中国生效。

截止到 1999 年，全世界已有 192 个国家批准加入《儿童权利公约》，全世界 96% 的儿童生活在缔约国中，世界上尚未加入该公约的国家只有美国和索马里。《儿童权利公约》是联合国历史上加入国家最多的国际公约。

2000 年 5 月，联合国大会在《儿童权利公约》框架基础上通过了《关于儿童卷入武

装冲突问题的任择议定书》和《关于贩卖儿童、儿童卖淫和儿童色情的任择议定书》，以推动国际社会努力保护儿童、消除日益猖獗的残害儿童犯罪活动。截至2017年，这两份议定书分别获得了159个和157个国家的批准。

第二节 学前教育教师

案例导入

案例1：太阳下的光辉

教师是太阳下最光辉的职业。在汶川大地震中，许许多多教师用自己的行动甚至生命诠释了这一名言。危难时刻，见证了师魂的伟大；生死关头，彰显着人性的力量。老师们挺身而出，舍生忘死，表现出高尚的情操和无私的境界。汶川地震发生时，江油市武都镇五通村幼儿园教师王光香用自己的身体挡住垮塌的墙壁，挽救了抱在怀中的两个孩子，自己却永远地离开了这个世界。

案例2：令人深恶痛恨的虐待者

颜艳红，原浙江温岭城西街道蓝孔雀幼儿园教师。2012年10月，颜艳红虐待幼儿照片被曝光。照片显示，其在该园活动室里强行揪住一名幼童双耳向上提起，幼儿表情痛苦。随后，该事件引起网友声讨，并“人肉”出该幼教。温岭市教育局很快介入调查并给出处理决定，责成城西街道蓝孔雀幼儿园做出深刻检查，及时整改并立即辞退相关教师。

问题探讨

为什么案例中的两位幼儿教师对待幼儿如此不同，谈谈你的看法。

案例分析

有人说：“如果一个教师把热爱教育和热爱学生结合起来，他就是一个完美的教师。”反过来说，如果我们只知道教书而不知道育人，那么，只能称其为“教书匠”，所谓“人类灵魂工程师”也是空有其名。由此看来，“德”是赋予人灵魂的基石。道德的培养和提高，不管是对教师自身还是对学生都是尤为重要的。教师要根据学生的身心发展规律和认知规律，有的放矢地进行教育工作，做到晓之以理、动之以情、导之以行，要通过自己的表率、模范作用去感染每一个学生，教育每一个学生。幼儿教师更应如此。

一、学前教育教师的职能与社会地位

在构成学前教育的基本要素中，学前教育教师处于主导地位。在人类历史的任何时期，都存在着人类文明成果的承传与发展的问题，教师就是专门传递人类文明的人。教师劳动的社会价值，最突出地表现在教师对延续和发展人类社会的巨大贡献上。教师的工作联系

着人类的过去、现在、未来。学前教育教师职业与其他教师职业一样，是培养人、造就合格社会成员的职业。随着现代化教育手段的不断出现，很多大众传播媒介如电视、电脑等进入了学前教育机构，成为教育活动的补充形式，引起了学前教育的革新，很大程度上提高了教育效果。但不管学前教育手段如何丰富，学前儿童的成长始终离不开教师的直接影响，教师本人的作用是学前儿童成长不可缺少的。教师的言传身教所起的感化、陶冶作用是任何先进的教学仪器都替代不了的。现代化的教育设备只能为教师的教育教学服务，永远不能替代教师的育人职能。

我国的法律法规也对学前教育教师的价值予以肯定。根据《教育法》《教师法》的精神，“教师享有法律规定的权利，履行法律规定的义务，忠诚于人民的教育事业。”

我国学前教育教师的权利是：进行保育教育活动，开展保育教育改革和实验的权利；从事科学研究、学术交流，参加专业的学术团体，在学术活动中充分发表意见的权利；指导幼儿的学习和发展，评定儿童成长发展的权利；按时获取工资报酬，享受国家规定的福利待遇以及寒暑假带薪休假的权利；参与幼儿园民主管理的权利；参加进修或者其他方式的培训的权利。

我国学前教育教师的义务：遵守宪法、法律和职业道德，为人师表；贯彻国家教育方针，遵守规章制度，执行幼儿园保教计划，履行聘约，完成工作任务；按国家规定的保教目标，组织、带领儿童开展有目的、有计划的教育活动；关心、爱护全体儿童，尊重儿童人格，促进儿童的全面发展；制止有害于儿童的行为或其他侵犯儿童合法权益的行为，批评和抵制有害于儿童健康成长的现象；不断提高思想政治觉悟和教育教学业务水平。

二、学前教育教师的角色定位

（一）教师是学前儿童生活的照料者

学前教育机构是儿童迈向社会的第一站，也是儿童所遇到的第一个社会性机构。学前儿童由于生活经验缺乏，身心发展水平较低，情绪情感上具有很强的依恋心理。这就要求教师要善于满足孩子的这种需要，要做他们的亲人，成为他们尊敬和爱戴的长者。事实上，在整个学前教育阶段，教师不能只是一位教学工作者，教师的“养护者”或者说“照料者”的角色是至关重要的。教师不仅要对儿童生理、生活进行精心的照顾，而且要给予儿童情感上的关心与呵护，使学前儿童的身心得到和谐发展。

（二）教师是社会沟通的中介者

学前教育机构是儿童最早接触的家庭以外的社会环境，教师是儿童了解社会、开阔视野、走向社会生活的重要引路人。学前儿童对社会积极的认知、态度与情感体验都是在与教师的交往中完成的。教师不仅在幼儿园组织开展大量与儿童的社会生活密切相连的教育活动，而且经常带领孩子走向社会，直接帮助儿童了解、体验社会生活，如参观商场、超市购物、了解城市河流的污水治理和环境保护等。在这些活动中，教师总是适时地结合儿童的经验和感受，教给他们大量的社会规则、行为规范，引导他们观察、体会人与人之间适宜的情感态度、相互关系和相处方式，并积极创造机会条件，帮助他们锻炼、实践并逐步掌握友

好恰当的交往行为和技能策略。通过共同的学习生活和集体活动，体现人际交往中的真诚和理解，激发学前儿童热爱集体、热爱人生的思想感情，为儿童走向更为广阔的社会生活奠定基础。

（三）教师是学前儿童学习的支持者

在传统的教学过程中，教师是知识的传授者。目前，我们面临一个教育的新时代，教师是学前儿童学习活动的支持者、引导者，是学习过程中信赖的合作者，更是解决困难的引导者。现代信息技术为儿童提供了获取信息的广泛途径。教师对学前儿童学习的支持体现在激发与鼓励儿童学习的兴趣，形成积极的学习态度，掌握有效的学习方法，从中获得学习的乐趣，帮助儿童学会思考、学会求知、学会探索、学会创新，为儿童营造适宜的学习环境，激发儿童的学习欲望，让儿童自主活动、自主学习和主动发展。

拓展与思索

幼儿园对父母做了一个调查：“您认为幼儿园老师是做什么的？”父母主要有以下几个说法：A. 帮父母看孩子的；解决父母的后顾之忧。B. 陪孩子一起玩，让他们快乐；哄孩子高兴呗。C. 主要是照顾孩子，也教一点知识；培养孩子和教育孩子。

根据学前教育教师角色的相关原理对上述案例进行分析。

三、学前教育教师的专业素质

教师是一种专业化的职业，主要是因其有独特的素质要求。随着知识经济的来临以及对世纪素质教育的全面推行，提高教师的素质势在必行。学前教育发展的关键是教师，教师自身素质的全面提高是保证儿童素质全面发展的基本前提，也是实现优质教育的必要条件。学前教育教师的专业素质是学前教育工作教师提出的专业化要求，是教师开展学前教育工作必须具备的素质。

（一）思想道德素质

1. 热爱学前教育事业

学前教育是教育的重要组成部分，是“科教兴国”战略决策中最基础的一项工作，对培养我国社会主义建设人才具有重大的作用。因此，学前教育教师要有高度的责任感，有为学前教育事业辛勤耕耘、无私奉献的思想，有甘作人梯、甘当蜡烛的精神。只有这样，才能真正踏踏实实地教书育人，才会乐业、敬业，也才能一辈子“学而不厌，诲人不倦”，为振兴国家的教育事业做贡献。

2. 关心和爱护学前儿童

学前教育机构是孩子家庭生活的延续和发展，学前教育是爱的职业，爱心是学前教育教师的本质属性。儿童十分稚嫩，又处在生命成长的初期，每一步都对其未来产生着重要的影响。所以，对孩子耐心、细心、呵护与培育并重，每一个一日生活，每一个活动都孕育着发展。教师对儿童的关心和爱护是儿童身心健康发展的重要条件。成人的爱抚，能使儿童得到情感上的满足，产生积极的情绪体验，增强自信心、安全感。另外，爱也是做好教育工作的前提条件之一。教师和儿童间的良好关系，可以使儿童乐意接受教育。它能激励学前儿童在活动、在学习中产生高昂的情绪。当孩子遇到痛苦和不幸时，教师的同情与爱抚会使他感到莫大的安慰；当孩子做错事的时候，教师的爱，能使他获得改正错误的勇气。儿童喜欢什么样子的老师？用儿童的话说就是："小朋友哭了，马上给他擦眼泪的""经常给小朋友系鞋带的""不厉害的""不发脾气的""不打人的""不把小孩拉出来的"……一句话，爱孩子的老师受小朋友欢迎和喜爱。

（二）身心素质

身体和心理素质是学前教育教师素质的重要组成部分。由于学前儿童在各个方面都处于发展阶段，身体非常稚嫩，思想单纯，明辨是非的能力差，心智处于吸纳阶段，教师作为儿童发展的支持者、合作者、引导者，应该具备健康的身心素质。教师既要有健康的身体，又要有健全的人格。如果能做到"不以物喜，不以己悲"，坦诚、随和，具有自知之明，能承受各种挫折与压力，能自我调节焦虑与愤恨等不良情绪，始终保持稳定与乐观的心情，妥善处理与同事、领导及家长之间的关系，形成一种互相理解、互相信任的和谐的人际环境，将使教师工作事半功倍。美国心理学家经过广泛调查研究发现，成功的教师一般具有如下心理素质和特征：温和、理解、友好、负责、有条不紊、富有想象力、热情等。教师只有具备了上述完美人格的基本特征，才能更好地发挥人格的教育作用。作为一个学前教育教师应当具有宽阔、慈爱的心胸，主动的精神，乐观的心态，快乐、稳定的情绪，丰富的感情，活泼开朗的性格，良好的行为习惯，等等。这样的教师容易与儿童打成一片，并潜移默化地让儿童受到感染，有利于儿童身心的成长。

（三）知识素质

文化素质是从事教育工作的前提，是一切专业素质的基础。学前教育教师的职责，不仅仅是用爱的力量去培育孩子的良好个性和习惯，更重要的是，用教育的智慧去激发孩子浓厚的求知欲和丰富的想象力。而在现实中，一些教师的文化素质不高或忽视自身文化水平的提高，单纯追求某一技能技巧的掌握，直接影响了对专业知识的正确理解和运用，也影响了教育效果。为此，教师必须善于利用时间，勤奋学习，处处留意，养成读书和阅读报纸杂志的好习惯，使自己掌握扎实的相关知识。

1. 具有学前教育基础知识

教师在就职前，必须了解和掌握学前教育的基础知识，了解学前教育发展动向和最新研究成果。学习这些知识将有助于教师掌握学前教育规律，提高工作的目的性、计划性和效率；也有助于教师树立正确的教育观念。

首先，了解儿童身心发展的基本特点和基本规律，是做好学前教育工作的最基本的知识前提。为此，幼儿教师必须具备一定的儿童卫生学、心理学方面的知识。

其次，掌握学前教育的理论知识、基本规律和实践方法，善于运用教育规律，才能有效地进行学前教育工作。为此需要学习学前教育学、学前卫生学、学前教育管理等学科的知识。

最后，为发挥儿童家庭和社区的教育力量，儿童教师还必须懂得教育社会学、教育文化学、教育人类学等方面的知识。

2. 具有一定的文化专业基础知识

学前教育教师是一个人成长的启蒙老师，在一个人的一生中起着重要的作用。“师者，传道授业解惑也。”道从何来？惑怎样解？这就需要老师有广博的知识、经验。学前教育教师不是单科教师，而应是一个综合素质的教育工作者，要对学前儿童进行全面的教育。一般性教育的内容包含了教师需提供给儿童的大量知识经验。未来教育提倡培养通才，所以，教师应具有在语文、数学、物理、化学、地理、生物等基础学科方面的知识，并进一步吸取经济、历史、哲学、法律和社会学等方面的知识，以奠定一个广博的科学文化知识基础。

拓展与思索

根据以上学前教育教师知识素质要求，请你对照你的专业课学习，找出自己在专业知识的学习上还有哪些欠缺之处。

（四）能力素质

1. 教育教学能力

教育教学能力是学前教育教师从事教育教学过程中所表现出来的业务能力，也是其基本功力。学前教育工作的原则是体、智、德、美诸方面的教育应互相渗透，有机结合。教师应能根据教育目标制定阶段性的教育活动计划和具体活动方案，在实施教育活动时，能根据儿童的表现和需要，调整活动，给予适宜的指导；能遵循儿童身心发展的规律，运用学前教育学和儿童心理学，根据学前儿童的年龄特点，注重个体差异，因人施教，引导儿童个性健康发展；能合理地组织各方面的教育内容，科学安排游戏等基本活动，寓教育于各项活动之中。能创设与教育相适应的良好环境，鼓励儿童自主选择游戏内容、伙伴和材料，支持儿童主动地、创造性地开展游戏，充分体验游戏的快乐和满足；从实际出发，注重儿童的实践活动，充分利用与合理设计游戏活动空间，提供丰富、适宜的游戏材料，支持、引发和促进学前儿童的游戏。

2. 观察能力

观察是了解学前儿童重要的途径之一，是教师开展教育活动的前提。由于学前儿童自身控制能力差，情绪易外露，其内心活动、身体状况常通过表情、动作或简短语言表现出来。一个小动作，一刹那的活动，常反映一个真实的内心活动。教师如果能理解其外在行为所传递的内部信息，敏感地觉察出儿童的最迫切需要，看到每一个儿童的独特性，更加细致深入地了解儿童，并根据该儿童的特点做出及时、有利于其发展的恰当反应，促进其个性的发展，那么教师就赢得了教育的主动权。因此，专业的教师必须努力培养和锻炼自身良好的观察力。

3. 沟通能力

沟通是人与人之间通过信息交流，彼此相互理解，彼此接纳对方观点、行为，彼此协调，达到默契的过程。沟通的方式主要有言语沟通、非言语沟通等。

学前教育教师要善于倾听孩子的发言和提出的要求，帮助儿童解决困难，做孩子的贴心人，与其进行有效沟通。教师的口语表达应符合学前儿童的接受水平，如说话的态度温和，使儿童有安全感，并乐意听从；语气坚定，使儿童感到教师充满自信；表述简单明了、从容不迫，使儿童容易听懂。因此，讲课的时候要大声、清晰、明了。教师与儿童的非言语沟通主要是指教师运用微笑、点头、抚摸、搂抱、蹲下与儿童交谈等方式与儿童沟通。这种方式比言语更容易表达教师对儿童的尊重、关心、爱护和肯定，符合学前儿童的心理需要。

要与家长进行有效沟通合作。教师应发自内心地关心其子女成长，主动向家长介绍儿童在园情况，对不同个性的家长采取宽容的态度，主动邀请家长参加课程设计、实施和评估工作，仔细聆听家长的想法和意见，在教育孩子的问题上出现矛盾时，绝不互相指责，而是设身处地地为家长着想，尽自己所能解决家长在教育子女方面遇到的困难，使家长感到教师是爱孩子的,这样才会调动家长主动与教师沟通的积极性,共同为孩子的进步而努力。

4. 教育监控能力

教师的教育监控能力是指教师对自己组织的教育教学活动进行积极主动的自我认识、自我调节和自我反思的能力。这一能力主要反映在儿童教育的计划与准备、反馈与评价、控制与调节、反思与校正等几个教育环节。教师教育监控能力是教师综合素质的具体体现，教师对自己的教育过程进行监控，是教师运用专业知识和教育观念，审视教育实践，发现、分析、解决问题的过程。这有助于教师明确问题是否解决、解决到了哪一步、还有什么问题需要进一步解决，在此基础上发现新的问题或提出新的假设，不断反思，把教育实践提升到新的高度。因此，对自己的教育过程实行监控，是教师提高自己的专业素养，改进教育实践的一种学习方式，是教师由单纯的教育者成长为研究型、专家型教师的重要途径。

5. 科研能力

教师的科研能力是指在教育教学保育工作的同时，从事与教育教学及保育相关的课题的实验、研究及创造发明的能力。科研能力要求教师刻苦学习钻研业务，不断学习新知识，探索教育教学规律，不断改进教育教学方法，提高教育教学质量和科研水平。学前教育过程为教师提供了一个研究的平台，教师把儿童在参加教育活动中发生的各种行为记录下来，通过研究分析，找出干扰儿童正常活动、致使儿童发生偏差的因素，并及时对儿童的偏差行为进行修正，及早阻止和杜绝儿童的早期不良行为和习惯。学前教育教师要善于收集资料，在观察中发现问题，在分析中解决问题，发挥创造潜能，使自己的研究成果资源得到大家的共享；学前教育教师要坚持实践、反思、再实践、再反思，以求知为趣，以进取为乐。在实践中收集相关信息，在反思中分析研究，不断提高专业能力，增长聪明才智，有效改进保教工作。

四、学前教育教师的专业发展途径

学前教育教师的专业发展主要通过以下三种途径实现。

（一）职前教育——学前教育专业培养

我国学前教育职前教育体系的层次较之以前丰富，且向高层发展。现在，许多学校由中专升格为大专、大专升格为本科，招收的学生从初中为起点向高中转移，学前教育专业硕士生、博士生的招生规模也正迅速扩大。

经过 3 ～ 5 年的学前教育专业培养，未来的学前教育教师要学习学前教育方面的基本理论和基本知识，受到儿童教育技能的基本训练，具有在托幼机构进行保育、教育和研究的基本能力，并对自己将要承担的教师身份有全面而正确的认识。

（二）入职教育——新教师培训

刚入职的新教师，从学生到教师的角色转换有一个过程。一两年内，新教师可能对教育教学工作都不太适应，这就需要有经验的教师对新教师进行专门而系统的辅导，使其逐渐体验到作为学前教育专业人员应该承担的社会责任。具体可根据学前教育机构的实际情况，采取课堂教学观摩、教学反思等形式，促进新教师能力的发展。同时，应制订个人专业发展规划，通过不断学习、实践、反思，提高自身专业素质，从而为学前教育质量的提升和儿童一生的健康发展打下良好的基础。

（三）职后教育——在职进修

随着时代发展和科技进步，新的教育理论和方法不断涌现。教师只有具备终身学习的观念和强烈的研究意识，不断追求新知，才能使自己与时俱进。学前教育教师职后教育的主要途径就是在职进修。教师的业务进修主要包括自学、定期脱产进修、参加教研活动，如观摩、相互研讨、参加教育专题研究、调查研究，运用教育理论审视自己的教育实践，发现问题、分析问题、解决问题等。此外，也可以通过职后高等教育体系提高自身素质。职后学前教育专业学历教育体系同职前高等教育基本相同，分为专科、本科、硕士和博士四个层次。非学历教育包括专题培训班、助教进修班、研究生课程班等。可见，学前教育师资队伍的职后培训也是促进队伍专业化建设的重要途径。因此，我们需要健全学前教育师资队伍的职后培训制度，提高学前教育师资队伍的专业化水平。

第三节　学前教育内容

幼儿园到底该教孩子什么？

有很多幼儿园总是教孩子写字、算术，其实很多内容都是以后上小学要学的，而幼儿园认为这样做可以让孩子上小学后跟得上。家长对此很困惑：幼儿园到底应该教孩子什么？

问题探讨

结合我们所学的知识，你认为学前教育的内容包括哪些？

案例分析

概括来说，幼儿园应该为幼儿提供健康、丰富的生活和活动环境，满足他们多方面发展的需要，使他们在快乐的童年生活中获得身心健康、习惯养成和智力发展。本节我们将重点探讨学前教育的主要内容。

一、学前儿童全面发展教育的含义

学前儿童全面发展教育是指以学前儿童身心发展的现实与可能为前提，以促进学前儿童在体、智、德、美诸方面全面、和谐发展为宗旨，并以适合学前儿童身心发展特点的方式、方法、手段加以实施的、培养学前儿童素质的教育。对学前儿童实施全面发展教育是我国学前教育的基本出发点，也是我国学前教育法规所规定的学前儿童教育的任务。

我国颁布的《幼儿园工作规程》明确提出："幼儿园的任务是实行保育与教育相结合的原则，对幼儿实施体、智、德、美诸方面全面发展的教育，促进其身心和谐发展。"《纲要》在《规程》的基础上进一步提出："幼儿园的教育内容是全面的、启蒙性的，可以相对划分为健康、语言、社会、科学、艺术五个领域。"

体、智、德、美是人发展的基本素质，体育、智育、德育、美育是全面发展教育的有机组成部分，它们在全面发展教育中承担着相对独立的任务，对人的身心发展发挥着不同的作用。同时，学前儿童的全面发展教育并不是要求个体在体、智、德、美诸方面齐头并进、平均地发展，也不意味着个体的各个方面可以各自孤立地发展。对于不同的儿童来说，有可能各有所长，在不同的方面有一些突出的表现，但学前儿童各方面的发展应该是和谐的。

二、学前儿童全面发展教育的意义

（一）体育

1. 对个体发展的意义

在个体发展中，生命的健康存在是儿童一切发展的基础和前提。体育是促进儿童正常生长发育的重要保证。儿童各器官、组织正在发育之中，尚未成熟；儿童生长发育迅速，新陈代谢旺盛，对营养、睡眠、新鲜空气等的需要较多。因此，合理地对学前儿童实施体育，能促进他们健康地成长，并为其一生的健康打下基础。

体育为儿童的心理发展提供物质基础。健康的身体和健全的心理是密切联系的，体弱多病的儿童不仅身体素质不好，其心理的诸多方面，如性格、情感等也往往会出现问题。体育不仅让儿童的肌体得到锻炼，而且科学、合理的生活制度，能使儿童保持愉快轻松的情绪状态，养成良好的习惯；多种多样的体育活动能促使儿童敏捷地思考，勇敢地行动，乐观地克服困难，充分地体验成功，从而发展主动性，形成坚强勇敢、开朗自信的良好个性品质。

2. 对社会的意义

体育关系到国家的未来与民族的兴旺发达。因为一个国家、一个民族的兴旺和强盛有赖于一个个、一代代健康的人。儿童时期的身体状况对人一生的健康都有重大影响，因此儿童的健康水平从一定程度上影响着一个国家和民族的健康水平。重视儿童体育有利于提高全民族的身体素质。学前教育是培养人的基础教育，健康的身体要从小抓起。

拓展与思索

为什么把幼儿体育放在幼儿全面、和谐发展教育的首位？

（二）智育

1. 对个体发展的意义

传统的观点认为，人的智力是由先天因素决定的，后天的智力发展只不过是先天预成的智力在后天的逐渐展现，环境与教育的作用微乎其微，充其量只能对这种先天预成的智力的显现速度与程度发生影响，而不能对智力发展本身产生任何积极的影响。这种观点在20世纪60年代以后受到人们的广泛批评。智力发展的多因素相互作用的观点，环境与教育是影响儿童智力发展的重要因素的观点被人们普遍认同与接受。早期智育可以促进大脑的正常发育，是学前儿童发展的需要。儿童期是大脑发展最快的时期，智育能有目的、有计划地满足儿童的认知发展需要，使其大脑神经系统对信息的感受、加工、储存等机能逐渐发达与完善，从而大大加速儿童先天的认知潜能转为现实能力，为儿童以后从事系统、深化的智力活动奠定良好的基础。

2. 对社会的意义

随着社会的飞速发展和科学技术的进步，社会对劳动者的智力要求越来越高，劳动者没有与之相适应的智能结构是不能适应社会需要的，而培养具有良好智能结构的社会主义事业的建设者和接班人，就成为智育的目标和任务。在这个意义上可以说，智育是社会发展的催化剂。智育可以为儿童的终身发展和未来的学习与工作奠定良好的智力发展基础，准备良好的动机系统与必要的知识基础。它不仅关系到每个幼儿今后的发展，而且也关系到社会的进步与发展。智育通过发展儿童的智力，可以提高未来社会主义建设者与接班人的工作能力，促进社会物质文明与精神文明的建设。一个民族和国家要跻身于世界民族之林，该国家的人民必须具有良好的文化修养和智力素质。所以，智育关系到社会主义现代化的建设问题。

（三）德育

1. 对个体发展的意义

儿童期是个性开始形成的时期，对学前儿童实施德育是儿童个性发展的需要。良好的个性品质对人一生的成长和发展都起着十分重要的作用。研究表明，人的成就高低与自信心、独立性、坚持性等个性品质有着密切关系。因此，从小加强德育，培养学前儿童良好的个性和品格，对儿童的发展是至关重要的。目前我国社会处在大变革之中，经济体制改革和政治体制改革正在深入发展。在新旧两种体制交替过程中，来自各种渠道的信息，不论是先进的、积极的信息，还是落后的、消极的信息都会直接或间接地影响幼儿。由于儿童知识经验贫乏，辨别是非的能力差，他们的意识、情感、行为等极易受客观环境的影响。因此，要保证儿童健康成长，必须加大早期德育的力度。

2. 对社会的意义

儿童是未来社会的主人，他们将来的思想品质和道德素养将会在很大程度上代表未来社会的文明程度，将会对我国未来的社会风貌、民族精神产生不可估量的影响。因此，早期德育的意义不可低估。从我国国情来看，随着计划生育政策的实施，独生子女教育问题日益引起人们的重视。调查与研究表明，独生子女在智力发展水平和身体状况方面表现出较大的优势，而在品德、行为习惯等方面却存在着较多的缺点。因此，加强德育，让独生子女健康成长，不仅是对幼儿及其家庭，而且对全社会具有重要的意义。

未来社会对人的思想品德素质提出了很高的要求，年轻一代将凭着更好的学识、能力、良好的品德行为和个性品质去选择或被选择。他们必须对新事物存有敏锐感，讲究质量和效率，惜时，守信，有勇于进取和开拓的精神。这些对年轻一代心理品质的新要求必须从幼儿期开始培养。在人生初期就进行这方面的教育，正是学前德育对未来的责任。

（四）美育

1. 对个体发展的意义

美育具有德育、智育、体育不能取代的独特功能，它有助于培养人敏锐的感受力、健全的个性、高尚的审美情趣和道德情操以及创造力。美育对形成整个社会的审美化，形成美的社会风气，建立良好的人际关系都具有重要的意义。美育在学前期尤为重要。学前儿童的思维特点是直觉行动性和具体形象性，抽象思维在开始发展；情感占优势，认识过程常有很大的情绪性，一些鲜明生动的形象和艺术手段，如现实生活中的美好事物、音乐、舞蹈、造型艺术和艺术语言等，符合幼儿认识的特点，能吸引幼儿的注意和兴趣，容易为幼儿接受和理解，使教育能收到更好的效果。通过美育活动，培养幼儿对美的兴趣和爱好，培养美感和初步的审美能力，学习简单的艺术活动技能，发展艺术创造力。通过美育，还能更好地扩大和加深幼儿对周围事物的认识，积极影响他们的思想感情，培养良好的品质和情操，促使其活泼愉快的性格的形成。美育可以开阔视野，增长知识，促进幼儿的智力发展。总之，在学前期，美育不仅是全面发展教育的组成部分，而且是全面发展教育的基础，美育是德育、智育、体育的催化剂，对德育、智育、体育都有着促进作用。

2. 对社会的意义

美育是培养人的精神面貌的总体系中的一部分，人的高尚的道德情操和道德行为与对美的追求常常是统一在一起的，美育是建立一个文明、美好的社会不可缺少的部分。重视美育有助于提高整个社会的审美能力，形成良好的社会风气。对学期儿童实施美育，促进幼儿形成健全的人格，这就为提高全民族的素质打下了基础。因此，学前美育是社会精神文明建设的组成部分。

对学前儿童的全面发展来说，不能偏废任何一方面，任何一方面的偏废都将影响其他方面的发展。体、智、德、美四育融汇在一起，形成一种整体教育力量，落实在幼儿的全面和谐发展之中。只有正确认识四育之间的相互关系，实施全面发展教育，才能发挥教育的最大功效。

拓展与思索

在伦敦举行的2000年父母与子女会议上，英国“0至3岁”公司总裁马修·梅尔梅德说，很多父母热衷于让幼儿玩大量的益智玩具，安排幼儿进行各种“开发智力”的活动，希望借此提高孩子的语言、认知等能力。如果学习压力过重，幼儿的大脑会不堪重负。这样，孩子长大后容易对事物缺乏兴趣和好奇心，竞争力弱，不善于为人处世。

请谈谈在中国实际教育过程中存在的重智育轻体育、重知识轻道德的表现，其原因是什么。

三、学前教育的主要内容

学前教育的内容是广泛的、启蒙性的，可按照学习活动的范畴相对划分为健康、社会、科学、语言、艺术等五个方面，还可按其他方式作不同的划分。各方面的内容都应发展儿童的知识、技能、能力、情感、态度等。

（一）健康领域

（1）建立良好的师生、同伴关系，让幼儿在集体生活中感到温暖，心情愉快，形成安全感、信赖感。

（2）与家长配合，根据幼儿的需要建立科学的生活常规。培养幼儿良好的饮食、睡眠、盥洗、排泄等生活习惯和生活自理能力。

（3）教育幼儿爱清洁、讲卫生，注意保持个人和生活场所的整洁和卫生。

（4）密切结合幼儿的生活进行安全、营养和保健教育，提高幼儿的自我保护意识和能力。

（5）开展丰富多彩的户外游戏和体育活动，培养幼儿参加体育活动的兴趣和习惯，增强体质，提高对环境的适应能力。

（6）用幼儿感兴趣的方式发展基本动作，提高动作的协调性、灵活性。

（7）在体育活动中，培养幼儿坚强、勇敢、不怕困难的意志品质和主动、乐观、合作的态度。

拓展与思索

健康的学前儿童是什么样子的？健康的标准是什么？

（二）语言领域

（1）创造一个自由、宽松的语言交往环境，支持、鼓励、吸引幼儿与教师、同伴或其他人交谈，体验语言交流的乐趣，学习使用适当的、礼貌的语言交往。

（2）养成幼儿注意倾听的习惯，发展语言理解能力。

（3）鼓励幼儿大胆、清楚地表达自己的想法和感受，尝试说明、描述简单的事物或过程，发展语言表达能力和思维能力。

（4）引导幼儿接触优秀的儿童文学作品，使之感受语言的丰富和优美，并通过多种活动帮助幼儿加深对作品的体验和理解。

（5）培养幼儿对生活中常见的简单标记和文字符号的兴趣。

（6）利用图书、绘画和其他多种方式，引发幼儿对书籍、阅读和书写的兴趣，培养前阅读和前书写技能。

（7）提供普通话的语言环境，帮助幼儿熟悉、听懂并学说普通话。少数民族地区还应帮助幼儿学习本民族语言。

（三）社会领域

（1）引导幼儿参加各种集体活动，体验与教师、同伴等共同生活的乐趣，帮助他们正确认识自己和他人，养成对他人、社会亲近、合作的态度，学习初步的人际交往技能。

（2）为每个幼儿提供表现自己长处和获得成功的机会，增强其自尊心和自信心。

（3）提供自由活动的机会，支持幼儿自主地选择、计划活动，鼓励他们通过多方面的努力解决问题，不轻易放弃克服困难的尝试。

（4）在共同的生活和活动中，以多种方式引导幼儿认识、体验并理解基本的社会行为规范，学习自律和尊重他人。

（5）教育幼儿爱护玩具和其他物品，爱护公物和公共环境。

（6）与家庭、社区合作，引导幼儿了解自己的亲人以及与自己生活有关的各行各业人们的劳动，培养其对劳动者的热爱和对劳动成果的尊重。

（7）充分利用社会资源，引导幼儿实际感受祖国文化的丰富与优秀，感受家乡的变化和发展，激发幼儿爱家乡、爱祖国的情感。

（8）适当向幼儿介绍我国各民族和世界其他国家、民族的文化，使其感知人类文化的多样性和差异性，培养理解、尊重、平等的态度。

（四）科学领域

（1）引导幼儿对身边常见事物和现象的特点、变化规律产生兴趣和探究的欲望。

（2）为幼儿的探究活动创造宽松的环境，让每个幼儿都有机会参与尝试，支持、鼓励他们大胆提出问题，发表不同意见，学会尊重别人的观点和经验。

（3）提供丰富的可操作的材料，为每个幼儿都能运用多种感官、多种方式进行探索提供活动的条件。

（4）通过引导幼儿积极参加小组讨论、探索等方式，培养幼儿合作学习的意识和能力，学习用多种方式表现、交流、分享探索的过程和结果。

（5）引导幼儿对周围环境中的数、量、形、时间和空间等现象产生兴趣，建构初步的

数概念，并学习用简单的数学方法解决生活和游戏中某些简单的问题。

（6）从生活或媒体中幼儿熟悉的科技成果入手，引导幼儿感受科学技术对生活的影响，培养他们对科学的兴趣和对科学家的崇敬。

（7）在幼儿生活经验的基础上，帮助幼儿了解自然、环境与人类生活的关系。从身边的小事入手，培养初步的环保意识和行为。

（五）艺术领域

（1）引导幼儿接触周围环境和生活中美好的人、事、物，丰富他们的感性经验和审美情趣，激发他们表现美、创造美的情趣。

（2）在艺术活动中面向全体幼儿，要针对他们的不同特点和需要，让每个幼儿都得到美的熏陶和培养。对有艺术天赋的幼儿要注意发展他们的艺术潜能。

（3）提供自由表现的机会，鼓励幼儿用不同艺术形式大胆地表达自己的情感、理解和想象，尊重每个幼儿的想法和创造，肯定和接纳他们独特的审美感受和表现方式，分享他们创造的快乐。

（4）在支持、鼓励幼儿积极参加各种艺术活动并大胆表现的同时，帮助他们提高表现的技能和能力。

（5）指导幼儿利用身边的物品或废旧材料制作玩具、手工艺品等来美化自己的生活或开展其他活动。

（6）为幼儿创设展示自己作品的条件，引导幼儿相互交流、相互欣赏、共同提高。

拓展阅读

国外幼儿园有趣的教育方法

外国人和中国人的思维方式有很大的不同，教育理念也会有很大差异，他们教育幼儿的方式是很有趣的，一起来看看各个国家的幼儿园都发生了哪些有趣的事情吧。

法国：婴幼儿室外午睡更健康

法国巴黎有一所幼儿园，寄托的都是两个半月到一岁的婴幼儿，所有的孩子每天中午都要在一个室外的大阳台上睡午觉，而且不论春夏秋冬，刮风下雨，天天如此。巴黎的冬天，气温会降到 -10℃，而孩子们仍然在阳台上照睡不误。他们不仅没有冻着，而且身体越来越健康，抵抗力也越来越强了。当然，冬天午睡的时候，幼儿园老师会把孩子包裹得好好的，只露出一张小脸。

美国：幼儿园第一课是分辨厕所

美国所有幼儿托管机构里，厕所是分男女的。幼儿到园的第一课便是认识厕所。孩子上厕所时老师就会提醒他们别走错了。在一个扎着小辫子女孩坐厕姿势图案和一个男孩坐厕姿势图案的标志下，幼儿们分门进出。厕所里的设施完全按正规男女厕所设计，只不过是小尺寸的而已。不仅如此，有的女厕所的墙、瓷砖还用粉红色，男厕所则用浅灰色。但孩子是好奇的，如男孩跑到女厕所探个究竟，老师一般不批评，只是问他们看清了有什么不一样。

新加坡：性别教育从内衣分男女开始

在新加坡的幼儿园，厕所也是分男女的。和美国一样，厕所的设施也是按正规男女厕所而设，只是缩小版的而已。但新加坡的性别教育更侧重生活，尤其是内衣。从婴幼儿开始，无论是内衣还是外装，都是分男女装的，很多裹着尿布的男婴儿，已经穿着非常正规的男装三角裤，目的是让他们从小就知道自己是男孩。而对牙牙学语的孩子，妈妈们会不厌其烦地说着“你是男孩不是女孩”“你是女孩不是男孩”。

第四节　学前教育环境

案例导入

幼儿园教育环境的创设

很多幼儿园只图表面上的漂亮、花哨，而忽视了环境的文化内涵和教育意义，环境创设千篇一律，没有明确具体的目的。甚至有些环境设计由于色彩和内容的不适，引起孩子烦躁不安的情绪。以“教师是环境的创设者”的观念为指导，教师在班级环境设计上下大力气，室内外场地布局、区角设置、材料投放、墙饰布置等均由教师一手操办。据调查发现，80% 以上的幼儿园在进行室内环境布置时，总是根据教师自我的需要考虑环境创设，追求表面上的“好看”“漂亮”。

问题探讨

你认为幼儿园教育环境的创设应该注意哪些问题？谈谈你的想法。

案例分析

环境建设是幼儿园教育最重要的课程资源。重视幼儿成长和学习的环境，积极开发和利用环境因素对幼儿成长、发展的巨大潜力是当今幼儿教育改革的一大趋势。幼儿园环境创设要结合各自的不同特点，选择不同的内容、不同的角度、不同的方法，切忌千篇一律，千园一面。本节重点探讨学前教育环境的功能及创设原则。

一、学前教育环境及其类型

学前教育环境是指影响学前儿童身心发展的物质和精神因素所构成的系统。

广义的物质环境是指对幼儿园教育产生影响的一切天然环境与人文环境中物的要素的总和，包括自然风光、城市建筑、社区绿化、家庭物质条件、居室空间安排、室内装潢设计等。

狭义的物质环境是指幼儿园内对幼儿发展有影响作用的各种物质要素的总和，包括园舍建筑、园内装饰、场所布置、设备条件、物理空间的设计与利用及各种材料的选择与搭配等。

广义的精神环境泛指对幼儿园教育产生影响的整个社会的精神因素的总和，主要包括社会的政治、经济、文化、艺术、道德、风俗习惯、生活方式、人际关系等。狭义的精神环境指幼儿园内对幼儿发展产生影响的一切精神因素的总和，主要包括教师的教育观念与行为、幼儿园人际关系、幼儿园文化氛围等。

教育环境是一个非常宽泛的概念，从学前儿童日常所获得的教育，可把学前教育环境分为：学前教育机构教育环境、社区教育环境和家庭教育环境。

二、学前教育环境的功能

创设良好的人文教育环境对于儿童的发展而言是至关重要的，良好的环境不仅可以发展儿童的认知能力，而且对于塑造儿童健康的人格有着十分重要的作用。

学前教育机构中的环境是专门为学前儿童设置的，符合学前儿童的年龄特点和生活、教育的需要，具有专业性、规律性、符合时代的社会需求等特点，是有明确目的、有计划、有组织的。它与其他环境相比，更能使儿童朝着社会预期的目标发展，对促进学前儿童健康发展起重要作用。

家庭教育环境是幼儿成长的最自然的生态环境。主要是指家庭成员之间形成的一种气氛，是团结和睦的还是矛盾分裂的；是积极向上的还是消极颓废的；是热情温暖的还是孤独冷漠的；是有节奏、有条理的还是懒散杂乱无章的。这些对孩子良好行为的形成有重要影响，给孩子制定的常规要求，家长必须身体力行，成为孩子学习的楷模。家庭环境布置是否整洁，生活安排是否井然有序，对孩子的行为也会产生潜移默化的影响。

社区环境是极为重要的教育资源，教师及儿童家长应当注重开发和利用社区环境。发达国家的幼教机构特别注重与社区的结合和互动。作为教师，我们应当利用好社区公共设施。现代教育的特点是开放教育和大教育。长辈的教育态度和教养方式、邻里和社区居民的言行举止、精神风貌等都直接或潜移默化地影响着儿童的发展。

从出生到学龄初期，家庭教育占特别重要的地位。家庭教育既是托儿所、幼儿园教育的助手，又是社会教育的一个方面。家庭是儿童健康成长的第一个，又是最重要的生活场所，家庭教育是任何教育所不能代替的，学校教育、社会教育都是在家庭基础上的延伸、扩展和提高。要真正了解一个儿童，首先要了解其家庭。另一方面，托儿所、幼儿园教育与社会教育的影响又不断地反映到家庭中来，实践证明，重视与家庭配合的托儿所、幼儿园，就能充分发挥家长的作用，教育工作就顺利，反之，忽视家庭教育的托儿所、幼儿园，就会事倍功半。要保证儿童的全面发展，托儿所、幼儿园与家庭必须紧密配合，同心协力地对儿童进行教育。

三、学前教育环境的创设

具体来说，在创设教育机构环境的过程中，要做好以下几个方面的工作。

（一）创设良好的物质环境

学前教育机构的空间、设施、活动材料和常规要求等要有利于引发、支持儿童的游戏和各种探索活动，有利于引发、支持儿童与周围环境之间积极的相互作用。教育环境和教学材料的创设和选用要突出教育性，要适合学前儿童的年龄特点的要求，适合学前儿童发展所需要的丰富性、多样化要求，以及符合儿童开展游戏、教育活动的需要等。

1. 学前教育机构室内环境的创设

从幼儿的兴趣、需要出发，设计幼儿喜爱的室内环境。将室内环境布置成各个区域，如手工区、建构区、娱乐角、智慧屋、发现角等，对于活动区的材料、摆放、内容不断更新、充实，以保证幼儿持久的兴趣。教育活动目标及提供的材料与不同发展水平幼儿的需要有机融合，保证了区域材料的可操作性、实用性、趣味性。在环境的创设中还应体现幼儿的参与，师生一起商量、共同制作，使幼儿真正成为环境的主人。在与材料、环境的交互作用中，孩子们主动发现、创造玩法、积累经验、体验成功。在活动区这个小天地里，孩子们有探索、有感受、有交流、有表达，促使幼儿合作交往能力得到不断发展。

2. 学前教育机构户外环境活动

丰富有趣的活动器材是幼儿户外自由活动最好的伙伴。根据幼儿游戏的需要，教师必须进行积极的创新，为幼儿提供走、跑、跳、钻爬、投掷、平衡等多元化的活动器械。让幼儿凭自己的兴趣和意愿自由选择活动的内容和方式，自由结伴，积极地投入到活动之中。如操场上各类大型玩具，可供幼儿随时进行钻爬、攀登；操场上的橡胶跑道更是为幼儿提供了一个活动的大舞台，他们在上面摸爬滚打，不亦乐乎。充足活动器材使得幼儿的活动动静交替，有机结合，并在老师的启发下，主动探讨一物多玩的方法。在这种主动探索活动中，幼儿得到的不仅是身体的锻炼，重要的是可以体验到探索、创新、成功的快乐，有利地促进了幼儿良好心理品质的发展。

（二）创设良好的精神环境

1. 建立良好的教师与儿童的关系

（1）正确理解教师与儿童之间的关系。从学前教育的角度来说，教师和儿童的关系是师生关系。在师生互动中，教师是成熟的社会成员，儿童是正在发展中的社会成员。教师按照国家要求教育好儿童，是教育者；儿童是受教育者。教师是儿童的合法权益的保护者；儿童则是被保护者。教师有职责和义务保障儿童在教育过程中的主体地位，并维护其相应的权利，按照社会培养人才的要求教育儿童，使他们健康成长。不能认识到这一点，就会导致教师的失职，导致教育上的放任自流。

（2）建立教师与儿童之间良好的情感关系。教师对儿童的教育和保护，绝不是要求儿童服从教师的意志和权威，而是建立在对儿童爱的基础上的。只有教师爱护、尊重、信任儿童，与儿童平等协商和对话，关注儿童和儿童的活动，了解他们的需要和愿望，理解和宽容他们的错误，儿童才会感到教师是他们的朋友，是合作的伙伴，从而对教师产生亲近感、依恋感。这对于建立良好和谐的班级心理氛围，起着十分重要的作用。

2. 帮助儿童建立良好的同伴关系

同伴关系是儿童生活中重要的人际关系，良好的同伴关系有利于儿童情感、品德、个性的发展。教师应明确同伴关系对儿童发展的价值，积极创设儿童交往的有利条件，如提供交往的时间和场所，提供作为交往媒介的游戏材料，不过分强调纪律和规则等，指导儿童学习积极交往的态度，学习交往规则和交往技能，学习和实践诸如帮助、分享、合作、同情、关心、诚信等良好的社会行为，要以热情的态度对待儿童，对同伴交往中遇到困难的儿童提供及时有效的帮助，对不良的同伴关系进行矫正等，在班级中建立起宽松的人际关系氛围，以此感染儿童，促进儿童的发展。

拓展阅读

幼儿园环境创设小技巧

一、室内环境设计方法

（1）室内墙饰布局要合理，每面墙壁设计什么板块，教师要心中有数。

（2）各个板块大小要匀称，高低错落有致，体现美学观念。

（3）墙饰布置要生动形象、富有美感：墙饰布置不仅仅体现教育价值，还应具有审美价值。

（4）确定主题，明确目标：互动墙饰的主题应该是孩子们感兴趣的并与教育目标和内容相适宜。

（5）创设情境，激发兴趣。

（6）积极参与，乐于动手：从内容的确定，材料的搜集，到图案设计与制作，都要由师生共同进行。

（7）循序渐进，难易得当。

（8）适时更换，保持新鲜。

二、主题环境的设计方法

（1）根据季节的变化不断更新内容。

（2）根据节日的性质布置环境：教师要根据节日的性质布置环境，给幼儿留下深刻的印象，使幼儿从中受到教育。

（3）设计幼儿社会性发展的内容。

三、室内环境布置方法

（1）活动角布置方法：在活动室内可以为孩子们设置玩具角、图书角、美术角、常识角、自然角等。

（2）家园联系、小红花园地等专栏布置方法：家园联系专栏可以使家长了解、掌握幼儿园的教学情况，以及幼儿在园内的学习情况，配合教师做好教育工作。幼儿园设置小红花园地，是为了表扬和鼓励幼儿进步，激发幼儿积极向上的愿望。

（3）巧用幼儿园瓷砖墙壁的环境布置方法：把幼儿的作品布置在活动室的瓷砖墙壁上，使幼儿对自己的生活环境，增添一种亲切感，提高了幼儿的主人翁意识。

（4）用纸贴画布置幼儿园环境的方法：这里说的各种纸包括吹塑纸、绒纸、旧挂历纸、手工纸和不干胶纸等。这些纸粘贴出的作品，色彩鲜艳，画面生动，具有一定的艺术效果。不仅美化了环境，同时使孩子们受到教育和启发。

（5）用布贴画布置幼儿园环境的方法：布贴画是一种比较独特的作画方法。将不同规格和内容的布贴画分别布置活动室和走廊，可以使孩子们在获得美的感受的同时，陶冶情操，潜移默化地使他们受到教育。

（三）充分挖掘可利用的社区资源

儿童的成长离不开家庭、幼儿园、社会三大环境的相互作用。

家庭的生长环境对儿童的发展起着至关重要的作用。必须通过多种方式充分发挥家庭环境的教育作用，家园合力促进儿童良好个性的形成。如通过家访、家园联系卡、家教园地、家长学校等形式，加强与家长的沟通，在环境育人的认识上达成共识，促使家长在各自家庭条件的基础上努力为儿童创设良好的环境。

大自然是儿童最喜欢的一部真实丰富的百科全书。我们应从儿童发展需要出发，走出去，融入大环境，获得大发展。可组织儿童参加踏青、秋游等活动，让儿童走进大自然，主动观察、探索自己感兴趣的花草虫鱼、风霜雨露，探寻自然的奥秘，初步体验自然赋予人类的挑战。

还可以采用“请进来、走出去”就是达成园内外教育力量融合的最佳途径。如请警察叔叔来园作现场交通指挥，教儿童跟学；根据活动需要请小朋友的爸爸妈妈来园讲讲他们的工作，让儿童了解到各行各业的人们工作的辛劳。同时结合有关节日及一些大家关注的事，让儿童走出去，走向学校、舞台等场所，进行参观、演出、联谊等活动。这些可以使儿童在与社会的接触中了解社会，初步理解人与社会、人与人之间的关系。

思考与练习

1. 什么是正确的儿童观？
2. 学前教育教师应该具备哪些专业素质？
3. 学前教育教师的专业发展途径有哪些？
4. 学前教育的主要内容是什么？
5. 学前教育环境有哪些功能？
6. 如何创设良好的学前教育环境？

第三章 学前教育的功能、任务及目标

学前教育的功能、任务及目标

学习导航

1. 理解学前教育对儿童个体发展和社会各方面发展的促进和支持功能；
2. 了解学前教育功能的特点；
3. 熟知我国学前教育的任务，尤其是3～6岁学前教育的任务；（重点）
4. 理解教育目的和教育目标的关系，熟知我国幼儿园教育目标；（难点）
5. 了解学前教育目标制定的三个依据；
6. 重点掌握学前教育目标的层次结构。（重点和难点）

第一节 学前教育的功能和任务

案例导入

案例1：维卡特对早期补偿教育的研究

美国教育家大卫·维卡特以处境不利儿童为对象，研究早期补偿教育能否打破消极的贫穷循环（即童年的贫穷常常会导致学业失败，进而导致成年期的贫穷如失业、靠救济金生活、单身母亲以及吸毒犯罪等）。他在长达20年的追踪研究中得出结论：早期补偿教育无论对个体还是对社会来说都有重要和积极的意义。与控制组的学前儿童相比较，参加早期补偿教育计划的学前儿童，其发展、受教育的程度均高于控制组；他们对学校的态度更积极，更愿意谈论学校，用在家庭作业上的时间更长，在学校的表现令父母满意；在他们成年后，他们的月收入和结婚组成家庭的人数明显高于控制组，接受政府救济的人数、失业率和犯罪率也明显少于控制组，较成功地打破了贫穷的循环圈。通过综合评价各方面的效益，发现改早期补偿教育的投入和产出比是1 ： 7.16，即在学前期每投入1美元，可对儿童以后的发展产生超过7美元的效益。

案例2：谁教给你一生中最重要的东西？

1987年1月，75名诺贝尔奖获得者聚会巴黎。有记者问其中一位诺贝尔奖获得者：“您在哪所大学、哪个实验室学到了您认为一生当中最主要的东西。”这位白发苍苍的学者答道：“幼儿园。”“在幼儿园里您学到了什么呢？”学者答道：“把自己的东西分一半给小伙伴们，不是自己的东西不要拿，东西要摆放整齐，吃饭前要洗手，做错了事要表示歉意，午饭后要休息，要仔细观察周围的大自然。从根本上说：我学的全部东西就是这些。”

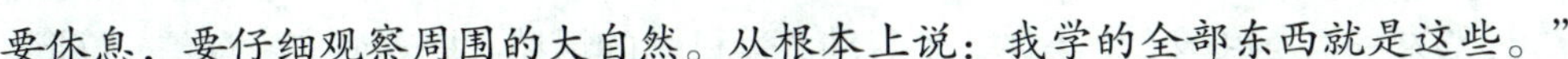

问题探讨

通过阅读以上的两则案例，谈谈你的感想：案例说明了什么问题？

案例分析

学前教育对于人的社会性、人格品质发展的重要性不容忽视。社会性、人格品质是个体素质的核心组成部分，它是通过社会化的过程逐步形成与发展的。学前期是个体社会化的起始阶段和关键时期，在后天环境与教育的影响下，在与周围人的相互作用的过程中，婴幼儿逐渐形成和发展着最初、也是最基本的对人、事、物的情感、态度，奠定着行为、性格、人格的基础。研究和事实均表明，6 岁前是人的行为习惯、情感、态度、性格雏形等基本形成的时期，是儿童养成礼貌、友爱、帮助、分享、谦让、合作、责任感、慷慨大方、活泼开朗等良好社会性行为和人格品质的重要时期；并且，这一时期儿童的发展状况具有持续性影响，其影响并决定着儿童日后社会性、人格的发展方向、性质和水平；同时，儿童在学前期形成的良好的社会性、人格品质有助于儿童积极地适应环境，顺利地适应社会生活，从而有助于他们的健康成长、成才。由此，学前教育能更进一步促进整个社会的长足发展。

一、学前教育的功能

学前教育的功能是教育功能在学前阶段的具体体现，它既包括教育的最基本功能，还包括由学前教育自身特点派生出的特殊功能。

（一）学前教育的具体功能

1. 学前教育对儿童个体发展的促进功能

儿童的个体发展，是指儿童在其成长过程中，伴随着生理的逐渐成熟与社会生活经验不断增长的相互影响，其心理、生理及社会适应能力不断提高、变化的过程。影响儿童个体发展的因素包括遗传和环境两种，其中，学前教育作为儿童成长的环境因素之一，是实现儿童个体发展的特殊手段。其特殊性，恰恰表现在教育活动的计划性、策略性和内容的充实性等方面。这些都以对儿童身心发展的科学性认识为基础，因为它考虑并顺应了儿童个体发展的规律。因此，与其他因素（遗传、家庭环境和一般社会性条件等）相比较，学前教育的影响力更大些，在儿童的个体发展中起主导作用。

（1）学前教育保教统一、兼顾个体全面发展。于 2015 年 12 月 14 日予以重新公布，2016 年 3 月 1 日全新起用的《幼儿园工作规程》总则第五条规定了幼儿园保育和教育的主要目标，即：

① 促进幼儿身体正常发育和机能的协调发展，增强体质，促进心理健康，培养良好的生活习惯、卫生习惯和参加体育活动的兴趣。发展幼儿智力，培养正确运用感官和运用语言交往的基本能力，增进对环境的认识，培养有益的兴趣和求知欲望，培养初步的动手能力。

② 萌发幼儿爱家乡、爱祖国、爱集体、爱劳动、爱科学的情感，培养诚实、自信、好问、友爱、勇敢、爱护公物、克服困难、讲礼貌、守法律等良好的品德行为和习惯，以及活泼、开朗的性格。

③ 培养幼儿初步的感受美和表现美的情趣和能力。

由此可见，学前教育具有保教并重、共促个体和谐发展的功能，这也是由学前教育对象的身心发展特点决定的，保教结合也是当下世界学前教育的发展趋势。

（2）学前教育促进个体认知发展。学前期是人的认知发展最为迅速、最关键的时期，这一时期内个体对于某些知识经验的学习或行为的形成比较容易，如果错过这一时期，在较晚的阶段上再来弥补则很困难，有时甚至无法补救。可见，学前教育在人一生认识能力发展过程中发挥着十分重要的奠基作用。适宜于儿童发展的环境会使关键期内种种发展的可能性变为现实性，需要成人提供适宜良好环境，尤其是良好的教育影响。已有研究证明，单调、贫乏的环境刺激再加上适宜学前教育的缺乏，会造成儿童认知的落后。而恰恰相反，如果为儿童提供丰富的感性经验并给以积极的引导、帮助和教育则能够促进其认知的发展。

此外，学前教育的质量还直接关系到儿童能否形成正确的学习态度、良好的学习习惯和能否持有适当的学习动机，从而对个体的认知发展和终身学习产生重大影响。适宜的、遵循儿童身心发展规律的学前教育能够积极地促进儿童各种智力和非智力因素开发，包括语言能力、思维力、想象力、创造性、学习兴趣和动机、求知欲、自我效能感等的发展，而不适宜的学前教育会使儿童认知能力发展慢甚至可能逐渐丧失独立思考的能力和创新精神，从而阻碍儿童认知能力合理、持续发展。

拓展阅读

关键期理论

奥地利著名的生物学家康罗德·洛伦兹博士发现了著名的关键期理论，并因此荣获诺贝尔奖。所谓人类心理发展关键期理论是说：人类某种行为和技能、知识的掌握，在某个特定的时期发展最快，最容易受环境影响。如果在这个时期施以正确的引导，可以收到事半功倍的效果；而一旦错过这一时期，就要花多倍的努力才能弥补，或者可能永远无法弥补。1935 年，洛伦兹首先发现，小鹅在刚孵化出来后的几个到十几个小时内，会有明显的认母行为。它追随第一次见到的活动物体，把它当成母亲跟着走。如果小鹅第一眼见到的是鹅妈妈，它就跟着鹅妈妈走；如果第一眼见到的是洛伦兹，就把她当成母亲，跟着她走；而当它第一眼见到的是跳动的气球时，它也会把气球当成妈妈。

然而，如果在出生后的 20 小时内不让小鹅接触到活动物体，那么过了一两天后，无论是货真价实的鹅妈妈还是洛伦兹自己，无论再怎样努力与小鹅接触，小鹅都不会跟随，更不会认母。这说明，小鹅的认母行为能力丧失了。看来，这种能力是与小鹅特定的生理时期密切相关的。

洛伦兹把这种无须强化的、在一定时期容易形成的反应叫作铭记（Imprinting）现象，把铭记现象发生的时期叫作发展关键期。后来的许多研究还发现，这种关键期现象，不仅发生在小鹅身上，几乎所有的哺乳动物都有，并且在人类身上也存在类似现象。

中国青年学者殷红博曾指出：2岁半左右，是幼儿计数能力开始萌芽的关键期；3岁左右，是幼儿开始学习自我约束、建立规则意识的关键期；3岁半左右，是幼儿动手能力开始发展成熟、独立性开始建立、注意力发展的关键期；3～4岁，是幼儿初级观察能力开始形成的关键期；3～5岁，是幼儿音乐能力开始萌芽的关键期；4岁左右，是幼儿开始学习外语口语的关键期；4岁半左右，是幼儿开始对知识学习产生直接兴趣的关键期；5岁左右，是幼儿学习与生活观念开始掌握、掌握数概念、进行抽象运算以及综合数学能力开始形成的关键期；5岁半左右，是幼儿抽象逻辑思维开始萌芽、掌握语法、理解抽象词汇以及综合语言能力开始形成、悟性开始萌芽、学习心态、学习习惯以及学习成功感开始产生的关键期；6岁左右，是幼儿社会组织能力开始形成、创造性开始成熟、观察能力开始成熟、超常能力结构开始建构并开始快速发展语言的关键期……

需要说明的是，以上的年龄数字只是个参考，偶尔会存在个体差异，但大致的趋势是相似的。

（3）学前教育促进个体人格的健全发展。人格品质是儿童个体素质的核心组成部分之一，它是通过儿童自己模仿和大人的引导而逐步形成与发展起来的。学前期是儿童个体适应社会的起点，在后天环境与教育的多方面影响下，在与周围人学习的过程中，儿童最初、最基本的对人、事、物的情感和态度逐渐形成和发展，这些成为儿童性格、人格和行为发展的基础。

有关研究和事实均表明，0～6岁儿童的行为习惯、情感、态度、处事方式等基本形成，从而养成良好人格品质的重要时期。这一时期儿童的发展状况更会影响他/她日后人格发展方向和水平；同时，儿童唯有具备了良好的人格品质才能更快地适应环境，顺利地进行初步社会化。

儿童人格的健康、和谐发展需要成人提供良好、适宜的教育环境支持，学前期适宜的教育和影响能有力地促进儿童社会适应能力、友爱、责任感、积极乐观等人格品质的发展；而不良的教育则容易使儿童形成消极的人格品质。接受了适宜教育影响的儿童人格特征各方面发展指标都要显著高于没有接受过良好教育的儿童。尤其3～6岁的幼儿园教育阶段，孩子们白天整天不在父母身边，他们接触最多的人是幼儿园教师或能玩在一块儿的伙伴，这些人带给他们的影响非常大，因此，学前教育促进个体人格健全发展的功能不容忽视。

（4）学前教育促进个体社会性发展。儿童期是一个人社会性发展的关键时期，即儿童逐渐由自然人成为能适应生活环境、能与周围人交往并以自己的独特个性“为人处世”的重要时期。儿童的社会性发展对学前儿童的生存和发展具有十分重要的意义。学前教育是个体社会化的重要而主要的影响因素，对学前儿童而言，幼儿园则是影响幼儿社会化的最主要因素，幼儿园中的师生关系、同伴关系、师师关系还有幼儿园的文化氛围都对学前儿童的社会性发展起着重要的作用。

在学前阶段，幼儿教师根据一定的社会要求，向儿童传授人类长期积累的知识、经验，培养他们形成正确的价值规范、思想观念以及积极的情感、行为与品格，引导他们朝着社会所期望的方向发展。再加上幼儿教师具有着学前儿童心目中特有的神圣和权威地位，来自幼儿教师的各种引导与影响更容易为儿童个体所接受。因此，可以说，学前教育无疑在个体社会化过程中发挥着核心、主导作用。

当然，家庭、幼儿园和社会更应共同努力，为幼儿创设一个温暖、关爱、平等的生活氛围，让幼儿在积极、健康的人际关系中获得安全感和信任感，在良好的社会环境中学会遵守规则，促进学前儿童的全面健康发展。

2. 学前教育对社会各方面发展的支持功能

（1）学前教育为促进社会经济发展服务。自产生之初直至今日，学前教育的任务都是致力于照管儿童，发展儿童的情感和智力，从而促进儿童身体的、情绪的、智能的和社会性的发展。学前教育是整个教育的最初基础，在提高全社会劳动力的素质方面起着至关重要的作用，为培养新一代高素质的人才服务；而且减轻家长养育子女的负担和后顾之忧，解放劳动力，为发展社会经济服务。

（2）学前教育关系国家和民族未来。学前教育在世界范围内受到了普遍关注，许多发达国家积极采取措施，优先发展学前教育，在普及学前教育与提高学前教育的质量上作了很多的投入。近年来，从 OECD 公布的一些世界发达国家在 2 ～ 25 年间学前教育生均经费公共投入与私人投入之比的数据中我们可以看出，在这些市场化高度发达的国家中，学前教育生均经费的公共投入比例均远大于私人投入，多数国家公共投入在生均经费中所占比例在 5% 以上。教育是国家和民族发展的根本大计，加大学前教育的投入和支持，普及学前教育，提升学前教育质量，将有助于提高我国教育的水平和国民整体素质，对我国经济发展和社会和谐稳定，实现从人力资源大国向人力资源强国转变的任务具有重要的战略意义。

（3）学前教育促进社会文化的传递、传播和创新。社会文化影响着学前教育的发展，反过来，学前教育也会给社会文化的传承与更新带来一定的支持。首先，学前教育影响社会文化的保存、传递与传播。学前教育有选择地继承文化遗产，保存现有文化模式，并借助课程形式和儿童特点，向教育者提供适应社会生活的知识、技能、行为规范、价值观及经验。其次，学前教育影响文化的创造和更新。学前教育实践的发展，不断促进为幼儿接受课程、所用教材、玩具、图书等的更新和变化，让我们未来的接班人紧跟未来时代脚步，做新时代的主人，这本身就是文化的创新。

（4）学前教育影响到教育事业发展。联合国教科文组织在《教育：财富蕴藏其中》的报告中明确指出，“受过幼儿教育的孩子与没有受过这一教育的孩子相比，往往更能顺利入学，过早辍学的可能性也少得多”“学前教育的不足或缺乏这种教育，均可严重地影响终身教育的顺利进行”。西方国家几项大型的追踪研究，如“开端计划”和“高瞻学前教育方案”（High Scope Project）的研究也证明，学前教育能让儿童的小学教育有一个良好的开端，对儿童实施学前教育会大大提高他们中、小学时的学习成绩和智力。众多迹象表明，学前教育对于基础教育乃至教育事业的整体发展具有重大影响。学前教育作为学制的第一阶段、基础教育的有机组成部分，必然对教育事业的整体发展，尤其是基础教育的发展具有重要的作用与影响。

拓展与思索

查阅相关资料，深入分析学前教育给我国社会各方面发展带来的影响，选择其中一个方面的影响进行资料整理，并结合我国目前社会与学前教育发展现状谈谈自己的看法。

（二）学前教育功能的特点

1. 双向性

学前教育功能指向一定方向，它有着正负方向之分。学前教育的正方向功能是指学前教育的积极影响，而负方向功能是指学前教育在发挥积极作用的同时对社会和个体发展所产生的消极影响。过去我们大多只关注学前教育的正方向功能，而忽视了学前教育的负面作用。我们在两方面应兼顾，由此找到产生负面作用的原因，进而解决它。

2. 发展性

学前教育的功能不论是促发展还是支持发展，均体现了这些功能的共同特点，即关注个体及社会各个方面的和谐发展。

3. 延后性

学前教育的功能均指向个体及社会各个方面的发展，但是，由于学前教育价值回报周期较长，想在短期内看到其功能的成效并不是易事，所以，学前教育的众多功能均具有延后性的特点。

4. 多样性

学前教育的结构是复杂的，同时人与社会结构都是多层次、多方面的，所以学前教育的影响功能也是多种多样的。如学前教育有社会功能和个体功能，社会功能又可以分为政治功能、经济功能、文化功能和教育功能等；个体功能还分为心理健康功能、身体健康功能和社会性发展功能。

5. 整合性

为了更加深入地认识学前教育的功能性，我们理论上把学前教育的功能进行多方面分解，但是，我们也必须承认学前教育自身是一个完整的系统，它是作为整体作用于个体和社会的。而个体和社会又都是一个整体系统，两者的发展不能分成各个部分，由此，学前教育的各项功能也是密切联系、不可分割的。

二、我国学前教育的任务

学前教育的任务及目标

（一）0～3岁早期教育的任务

早期教育是终身教育的起点，是人类个体从家庭走向社会的第一步。每个儿童都应有机会充分发掘自身潜能，成长为一名有益于社会的人，人生开端是指0～3岁，正如联合国儿童基金会执行主任卡罗尔·贝拉米所说："在孩子出生后的前36个月，大脑的信息传递通道迅速发育，支配孩子一生的思维和行为方式的运动元处于形成阶段。"近年来，脑科学、神经科学等研究的新进展更让我们认识到，0～3岁是人一生发展最为迅速和关键的时期。自2013年开始，随着我国教育部办公厅下发《关于开展0～3岁婴幼儿早期教育试点的通知》，上海市、北京市海淀区等14个地区陆续开展了0～3岁婴幼儿早期教育试点工作，教育部并对早教工作任务提出了明确要求。

对儿童来说，影响其发展的生态环境是多层次、多性质的，0～3岁早教工作的任务包括：为0～3岁婴幼儿提供适宜、科学的教育和引导；对早期教育人员进行科学育儿教育和指导；营造适合于0～3岁婴幼儿发展的生态环境，家庭和社区作为直接影响婴幼儿的重要生态环境，理应被纳入早期教育的范畴；建立以社区为基础的早期教育（服务）网络等。

近代科学普遍认为：人的人格是否健全，在3岁左右就奠定了基础。因为1岁之前的婴儿期和1～3岁的幼儿早期，孩子在人生道路不断跨入新阶段，体格发育、神经发育、心理发育和智能水平都出现了前所未有的新特点。所以，孩子的教育应在孩子出生后就开始。我国新修《纲要》也明确指出：幼儿园教育要与0～3岁婴幼儿的保育教育相衔接，早期教育是提高人口素质的途径之一。

（二）3～6岁幼儿教育的任务

我国自2001年9月开始试行的《幼儿园教育指导纲要》明确指出：幼儿教育是基础教育的组成部分，是学校教育和终身教育的起始阶段。幼儿教育应为幼儿的近期和终身发展奠定良好的素质基础；幼儿园应与家庭、社会密切配合，共同为幼儿创造一个良好的成长环境；幼儿园应为幼儿提供健康、丰富的生活和活动环境，满足他们多方面发展的需要，使他们度过快乐而有意义的童年；幼儿园教育应尊重幼儿身心发展的规律和学习特点，充分关注幼儿的经验，引导幼儿在生活和活动中生动、活泼、主动地学习；幼儿园教育应重视幼儿的个别差异，为每一个幼儿提供发挥潜能，并在已有水平上得到进一步发展的机会和条件。

我国2016年3月1日全新起用的《幼儿园工作规程》总则规定：幼儿园是对3周岁以上学龄前幼儿实施保育和教育的机构。幼儿园教育是基础教育的重要组成部分，是学校教育制度的基础阶段。

幼儿园教育的任务是：贯彻国家的教育方针，按照保育与教育相结合的原则，遵循幼儿身心发展特点和规律，实施德、智、体、美等方面全面发展的教育，促进幼儿身心和谐发展。此外，幼儿园同时面向幼儿家长提供科学育儿指导。

1. 幼儿园要开展体、智、德、美全面发展教育，使幼儿身心和谐发展

幼儿园体育的任务：保证幼儿必需的营养，做好卫生保健工作，培养幼儿良好的生活习惯和独立生活的能力，发展他们的基本动作，培养他们对体育活动的兴趣，提高机体的功能，增强体质，以保护和促进幼儿的健康。

幼儿园智育的任务：教给幼儿周围生活中粗浅的知识和技能，注重发展幼儿的智力，如注意力、观察力、记忆力、思维力、想象力等，培养正确运用感官和运用语言交往的基本能力，增进对环境的认识，培养有益的兴趣、求知的欲望和良好的学习习惯，培养幼儿初步的动手能力。

幼儿园德育的任务：萌发幼儿爱家乡、爱祖国、爱集体、爱劳动、爱科学的情感，培养团结、友爱、诚实、勇敢、自信、好问、克服困难、有礼貌、守纪律等良好的品德行为和习惯，以及活泼开朗的性格。

幼儿园美育的任务：教给幼儿音乐、舞蹈、美术、文学等粗浅知识和技能，培养幼儿对它们的兴趣，初步发展幼儿对周围生活、大自然、文学艺术中的美的感受力、表现力、创造力等。

在幼儿园全面发展的教育中，体育、智育、德育、美育各个组成部分，各有其本身的独特任务，但它们又是互相联系、互相渗透、互相促进、不可分割的有机结合整体。其中，体育是基础，智育是关键，德育是根本，美育是灵魂，四者是相辅相成的，缺一不可。它的最终目的是要实现幼儿身心的和谐发展。

2. 幼儿园同时面向幼儿家长提供科学育儿指导

幼儿教师和家长是幼儿教育中的核心人物，家庭、幼儿园应共同努力为幼儿创设温暖关爱的成长氛围。近些年，孩子们接触的外界信息越来越多，有些家长仍采用传统的教育模式，他们的教育观念难以适应现代社会发展的需要。此外，再加上应试教育的影响和各种商业性宣传的误导，有些家长缺乏正确的教育观念和科学的引导，无意间牺牲了孩子快乐的童年生活，给孩子报一个或多个特长班，盲目追求“超前教育”。在日常工作中，幼儿教师和家长应一直保持着良好的沟通和交流，可以利用各种机会与家长一起探讨科学育儿知识，例如家长开放日、家长会、教学成果展示会、大型集体活动、日常宣传活动等。此外。幼儿园还可利用园所网站、微信群、论坛、发放调查问卷等形式向家长传递科学育儿知识，传授符合幼儿身心发展的教育理念等。

第二节 学前教育目标

教育的真正目的是什么？

中国传统观念之下，教育的目的不外两种：一是让孩子们懂得规矩礼教；二是让人的前途光明（古代的前途通常就是仕途）。其结果是抹杀了“人的自然本性”。在传统教育

的影响下，我们常常看到一大群的孩子规规矩矩地坐在教室里，老师则一遍遍地告诫他们应该如何懂事听话，应该怎样做才合乎规矩，应该怎样做才是好孩子，应该怎样才是有前途、有出息。凡是触犯规矩的，便是不听话的没有出息的孩子。这样的教育之下，孩子们全都听话，全都循规蹈矩，如出一辙，毫无个性可言。久而久之，孩子们没有了创造性，没有了色彩。

父母或老师们往往认为，一个听话的孩子必定是一个懂事的孩子，自然也就是有前途的孩子。如果有人称赞他的孩子很听话又懂事，在他们看来，这实在是一件最荣耀的事。

——引自一则搜狐评论

问题探讨

读过上述文字，你的感想如何？请谈一谈你对教育目的的看法。

案例分析

科学、合理的教育只是引导和培育，我们的目的仅仅在于教给孩子做人的道理，至于人生的道路如何开拓，必须尊重孩子们自己的想法和权利。

一、教育目的与教育目标

（一）教育目的

教育目的是教育主体对于其所希望达成的结果的设定，具体说来就是一个国家或民族对培养人才的质量和规格的总体要求。它是整个教育工作的核心，也是教育活动的依据和评判标准、出发点和归宿，贯穿于整个教育活动的始终，对一切教育工作具有指导意义。

教育目的是全部教育活动的主题和灵魂，规定教育方向，指导和支配教育过程，决定教育制度，确定教育内容，影响教学方法和手段的选择，给教育对象指明发展方向和预定的教育结果。即教育目的具有“导向”和“定向”功能。

《中华人民共和国教育法》中提出：我国的教育目的是——教育必须为社会主义现代化建设服务，必须与生产劳动相结合，培养德、智、体等方面全面发展的社会主义事业的建设者和接班人。

（二）教育目的的层次结构

教育目的的基本层次包括：国家教育目的；各级各类学校培养目标；课程目标；教师教学目标。其中各级各类学校培养目标即是教育目标，它是根据各级各类学校任务确定的对某一级、某一类学校培养人的质量规格的设想或规定。它是由特定的社会领域和特定的社会层次的需要决定的；也因受教育对象所处的学校级别而变化。各级各类学校要完成各自的任务，培养社会需要的合格人才，就要制定各自的教育目标。如图 3–1 所示。

（三）教育目的与教育目标的关系

总体上看，教育目的和教育目标之间是普遍与特殊的关系。教育目的是针对所有受教育者提出的，而教育目标是针对特定的教育对象提出的。各级各类学校的教育对象有各自不同的特点，制定教育目标需要考虑各自学校学生的特点。

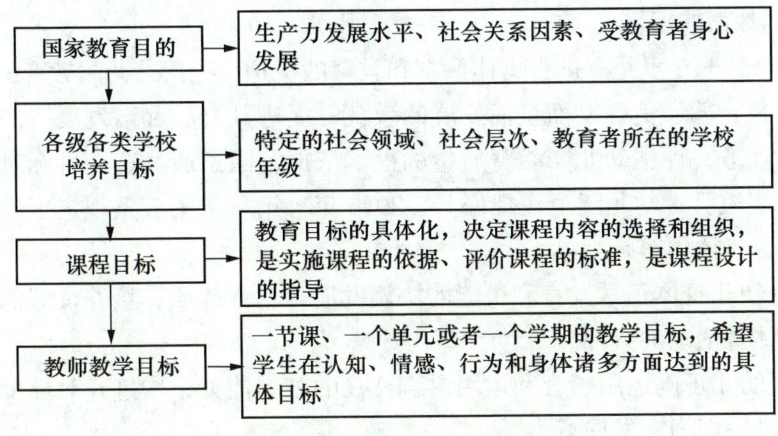

图 3-1　教育目的的层次结构图

教育目的普遍适用于各级各类学校，既适用于各级普通教育，也适用于各级专业（职业）教育，它规定了各级各类学校培养人的共同要求。而教育目标只是反映了教育目的对某一级某一类学校培养人的特殊要求。教育目的适用于所有学校，教育目标只适用于部分学校，它是教育目的在各级类学校教育中的具体化。

二、学前教育目标

（一）我国学前教育目标

学前教育目标是教育目的在学龄前儿童阶段的具体化。它是根据学前教育机构的任务确定的对托幼机构或幼儿园培养孩子的质量规格的设想或规定。

我国学前社会教育机构主要有托儿所和幼儿园，这两类机构的保育和教育目标既相互联系，又彼此有区别。

1. 托儿所的保教目标

托儿所是对 0～3 岁儿童进行集体保育和教育的机构。在理解托儿所保教目标之前，应该对这个年龄段儿童身心发展的特点有所认识。

早在 1981 年，我国卫生部妇幼所就颁发了《三岁前小儿教养大纲（草案）》，提出托儿所的保教总目标是："培养小儿在德、智、体、美各方面得到发展，为造就体魄健壮、智力发达、品德良好的社会主义新一代打下基础。"具体表现在：

（1）发展小儿的基本动作，进行适当的体格锻炼，增强儿童的抵抗力，提高婴幼儿的健康水平，促进身心正常发展；

（2）发展小儿模仿、理解和运用语言的能力，通过语言及认识周围环境事物，使小儿智力得到发展，并获得简单知识；

（3）进行友爱、礼貌、诚实、勇敢等良好的品德教育；

（4）培养小儿的饮食、睡眠、衣着、盥洗、与人交往等各个方面的文明卫生习惯及美学的观念。

2. 幼儿园教育的目标

幼儿园是对3～6岁儿童进行集体保育和教育的机构，我国幼儿园教育的总目标是“对幼儿实施体、智、德、美等方面全面发展的教育，促进其身心和谐发展”。这一目标是确定幼儿园教育任务，评估幼儿园教育质量的根本依据，国家通过这一目标对全国幼儿园教育进行领导和调控。《幼儿园工作规程》（2016年）第一章第五条规定了幼儿园保育和教育的主要目标，具体内容是：

（1）促进幼儿身体正常发育和机能的协调发展，增强体质，培养良好的生活习惯、卫生习惯和参加体育活动的兴趣。

（2）发展幼儿正确运用感官和运用语言交往的基本能力，增进其对环境的认识，培养有益的兴趣和动手能力，发展智力。

（3）萌发幼儿爱家乡、爱祖国、爱集体、爱劳动的情感，培养诚实、勇敢、好问、友爱、爱惜公物、不怕困难、讲礼貌、守纪律等良好的品德、行为、习惯，以及活泼、开朗的性格。

（4）萌发幼儿初步的感受美和表现美的情趣。

幼儿园教育的目标时建立在托儿所培养目标基础上的，对儿童体、智、德、美各方面的要求更多、更高，强调通过游戏活动来培养儿童的广泛兴趣，发展儿童的各种能力，塑造儿童的良好性格。

（二）制定学前教育目标的依据

1. 我国的教育方针

一个国家的教育目的及教育相关法律规章是各级各类学校制定教育目标的主要依据和参照标杆，我国学前教育的总方针指引着学前教育目标的方向，在“培养德、智、体、美等方面全面发展的社会主义事业的建设者和接班人”这一总的教育方针的指引下，我国学前教育的目标自然表述为：“对幼儿实施体、智、德、美等方面全面发展的教育，促进其身心和谐发展。”此外，学前教育相关法律法规成为教育目标制定的参考，例如《中华人民共和国教育法》《3～6岁儿童学习与发展指南》《幼儿园工作规程》《幼儿园教育指导纲要》等。

2. 社会发展的需要

首先，幼儿教育具有社会属性。教育是人类特有的社会活动，其职能是把人类历史上积累的知识、经验、技能、思维方式、精神文明、优良素质、民族传统等，有计划、有组织、有目的地传播给下一代，培养为社会服务的人。其次，教育要受社会性质的制约。不同的社会、不同的阶级或社会集团，总是根据自身的利益和需要来规定培养新一代人的方向。再次，教育任务必须适应社会发展需求。一个国家在不同的发展阶段，对新一代人应具备的素质要求是不同的。在社会不断发展的今天，学前教育强调儿童创新精神和实践能力的培养。这些不断发展的新要求都是为适应社会发展需要而提出的。

3. 学前儿童发展的需求

全面促进幼儿素质和谐发展是幼儿教育的中心任务。包括身体和心理两个方面。前者指身体的正常发育和体质的增强；后者指知识技能的获得，生活经验的丰富，智力才能的开发，思想品质的培养，以及情感、兴趣、爱好、志向和性格发展等。由于幼儿“身”“心”是一个有机统一的整体系统，所以必须保证二者同步、协调、和谐发展，即常说的“体、智、德、美全面发展”。幼儿身心发展是有规律的，既有连续性，又有阶段性。而发展的实质是不断开发其个体潜能，即表现为各方面都由“现有发展区”向“最近发展区”不断发展的过程。如果对幼儿提出过高、过难或过低、过易的教育要求，都会违背幼儿身心发展规律，达不到发展潜能的目的。所以，制定教育目标必须以幼儿身心发展的客观规律和要求为依据。

（三）学前教育目标的层次结构

国家对学前教育目标作了宏观的表述，要实现这一宏观目标，必须将它作层层分解，逐步转化为低一层次的、可操作的具体目标，才能成为教师制定活动计划的有效依据，并通过各种活动，落实到幼儿的发展上，目标的层层分解就形成了学前教育目标的金字塔结构。这一结构纵向从上到下由如下几个层次构成。如图 3-2 所示。

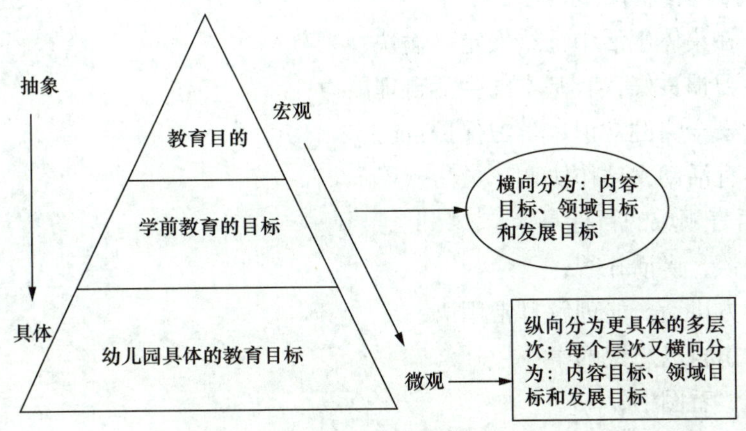

图 3-2　学前教育目标的层次结构图

以上金字塔结构从上到下由如下三个层次构成：最高层次（宏观管理）是国家教育目的，它是我国各级各类教育的总目标，是塔顶。中间层次（中观管理）是学前教育的目标，即幼儿教育阶段目标，《幼儿园工作规程》中所表述的幼儿园保育、教育目标就属于这一层次。基础层次（微观管理）是各个幼儿园具体的教育目标，幼儿园的具体教育目标是每个幼儿园根据国家对幼儿教育的要求，结合本园的具体情况制定的，它体现了国家对幼儿园教育的一般要求，又具有本园的特色。

1. 微观幼儿园具体教育目标的纵向结构

幼儿园教育目标可分为五个层次：幼儿园教育目标→年龄阶段目标→学期教育目标→单元（主题）教育目标（一个月或一周的教育目标）→每次教育活动目标。

2. 每一纵向层次的横向结构

（1）内容目标结构——体、智、德、美。按照内容目标的结构，我们可以把我国《幼儿园工作规程》（2016 年）第一章第五条规定的幼儿园保育和教育目标进行四方面分解：

① 我国幼儿园体育方面的目标是：促进幼儿身体正常发育和机能的协调发展，增强体质，

培养良好的生活习惯、卫生习惯和参加体育活动的兴趣。

② 我国幼儿园智育方面的目标是: 发展幼儿正确运用感官和运用语言交往的基本能力，增进其对环境的认识，培养有益的兴趣和动手能力，发展智力。

③ 我国幼儿园德育方面的目标是：萌发幼儿爱家乡、爱祖国、爱集体、爱劳动的情感，培养诚实、勇敢、好问、友爱、爱惜公物、不怕困难、讲礼貌、守纪律等良好的品德、行为、习惯，以及活泼、开朗的性格。

④ 我国幼儿园美育方面的目标是：萌发幼儿初步的感受美和表现美的情趣。

（2）领域目标结构——五大领域（健康、语言、社会、科学、艺术）。我国自 2001 年 9 月起试行的《幼儿园教育指导纲要（试行）》指出：幼儿园的教育内容是全面的、启蒙性的，可以相对划分为健康、语言、社会、科学、艺术五个领域，也可作其他不同的划分。各领域的内容相互渗透，从不同的角度促进幼儿情感、态度、能力、知识、技能等方面的发展。

① 幼儿园健康领域的目标是：

身体健康，在集体生活中情绪安定、愉快；

生活、卫生习惯良好，有基本的生活自理能力；

知道必要的安全保健常识，学习保护自己；

喜欢参加体育活动，动作协调、灵活。

② 幼儿园语言领域的目标是：

乐意与人交谈，讲话礼貌；

注意倾听对方讲话，能理解日常用语；

能清楚地说出自己想说的事；

喜欢听故事、看图书；

能听懂和会说普通话。

③ 幼儿园社会领域的目标是：

能主动地参与各项活动，有自信心；

乐于与人交往，学习互助、合作和分享，有同情心；

理解并遵守日常生活中基本的社会行为规则；

能努力做好力所能及的事，不怕困难，有初步的责任感；

爱父母长辈、老师和同伴，爱集体、爱家乡、爱祖国。

④ 幼儿园科学领域的目标是：

对周围的事物、现象感兴趣，有好奇心和求知欲；

能运用各种感官，动手动脑，探究问题；

能用适当的方式表达、交流探索的过程和结果；

能从生活和游戏中感受事物的数量关系并体验到数学的重要和有趣；

爱护动植物，关心周围环境，亲近大自然，珍惜自然资源，有初步的环保意识。

⑤ 幼儿园艺术领域的目标是：

能初步感受并喜爱环境、生活和艺术中的美；

喜欢参加艺术活动，并能大胆地表现自己的情感和体验；

能用自己喜欢的方式进行艺术表现活动。

我们要根据教育部印发的《幼儿园教育指导纲要》总目标精神，制定各地方幼儿园各年龄段教育活动目标。如，根据幼儿园健康领域总目标，我们可以分阶段制定不同阶段幼儿的健康领域活动目标。拿小班为例：

小班健康领域教育目标为：

帮助幼儿养成独立进餐的习惯，引导幼儿愿意吃各种食物。

引导幼儿独自、按时入睡，会脱简单衣物，并放在固定位置。

不害怕健康检查和各种健康接种。

引导幼儿外出时不离开成人，不接受陌生人的物品，不跟陌生人走。

具有初步的安全意识，户外活动时能注意安全，不将异物塞入耳、鼻、口里。

初步学习投、掷、钻爬、攀登、平衡等动作。

引导幼儿学会上体直立、一个跟着一个走，能听信号走成圆圈。

引导幼儿能根据简单的口令或音乐较合拍地做模仿操和徒手操。

引导幼儿自然协调地跑，不与他人碰撞。

引导幼儿在活动后知道合作收拾整理小型体育器械。

拓展与思索

查阅相关资料，深入了解幼儿园五大领域分年龄阶段的目标表述，选择其中一个领域的一个年龄阶段的目标进行资料整理，并谈谈如何实现这些目标。

（3）发展目标结构——情感、认知、能力。

我国《幼儿园教育指导纲要》确立了幼儿教育目标，其中除了五大领域的内容目标外，还包括情感目标、认识目标和行为目标，而作为学前教育这一特殊阶段，我们认为应该把情感目标放在首位。

《纲要》要求幼儿园的教育应从不同的角度促进幼儿情感、态度、能力、知识、技能等方面的发展，这是以幼儿的生理、心理发展为依据的。幼儿教育是最基础的教育，由于幼儿的生理、心理发展尚不成熟，因而他们对环境价值的判断，对道德准则的衡量都处在无意识之中，其特点是可塑性很大，不善于控制和调节，情感不仅富有易变性，很容易受外界事物支配，而且还富有冲动性，随着儿童经验的发展，儿童情感的稳定性和有意性就逐步增长起来。所以，此时引导幼儿对大自然的认识，养成爱护公共环境的习惯，形成欣赏、关爱环境及生命万物的品质，对他们一生的可持续发展、成为现代社会要求和新型的公民格外重要。

此外，幼儿园教育目标中的情感、态度与价值观目标并不能单独实现，也不能通过简单的说教来实现，必须以知识和能力的获得和提高为前提，与“知识”或“能力”的目标

活动相结合。

例如，在幼儿园大班美术活动“小小运动员”的知识、能力和情感目标表述如下：

知识目标（“做什么”的目标）——尝试运用制作报纸小人的经验，制作出各种运动造型的人物形象。

能力目标（“怎么做”的目标）——通过观察图片，了解各种运动的姿势，自主探索不同的运动造型的表现、设计方法。

情感目标（“获得了什么情感”的目标）——能主动、愉快地参与创作过程，喜欢运用报纸进行创作的表现形式。

拓展与思索

阅读如下资料，回答相关问题。

幼儿园大班美术活动“美丽的纸浆画”的活动目标如下：

目标1——乐于尝试新方法作画，感受纸浆装饰画不同的美感。

目标2——通过观看视频和图片，了解纸浆画制作的步骤，尝试运用镊子和竹签制作纸浆画。

目标3——认识并了解纸浆画，能大胆运用彩色纸浆装饰画面。

请按照“做什么”“怎么做”“情感获得”的顺序对上述目标进行排序，并解释他们都属于哪种维度的目标。

拓展阅读

世界各国学前教育目标简介

☆美国幼儿园的教育目标：

（1）有好奇心、想象力和创造力，发挥自己的潜力，在各方面都得到发展。

（2）能发现问题、解决问题，有独立精神和探索精神。

（3）能对成人的各种要求作出反应，有信任感、责任感、自尊心。

（4）能够表达自己的需要，学会与人分享和合作，友好地与同伴交往。

（5）不断提高肢体动作的准确性、手眼动作的协调性。

（6）通过游戏丰富知识、经验，并对知识经验进行总结、分类。

（7）通过培养艺术技能和认知技能，发展他们的社会性和情感。

（8）培养学习技能，如读、写、算，但不强迫他们学习，使他们能够根据自己的接受能力进行学习。

☆英国幼儿园的教育目标：

（1）培养语言能力、独立性、创造性。

（2）发展聆听、观察、讨论、实验的能力。

（3）注重对兴趣和个性的培养，注重对能力的全面发展。

（4）注重思维与想象，在开放式的环境中充分展示自己。

（5）培养爱的理念，铸造自信的人格，锻炼社交技能。

☆法国幼儿园的教育目标：

（1）提高机体的平衡性及协调性。

（2）发展口语表达能力，能正确表达自己的思想、情感和需要。

（3）积极地与教师、同伴交往。

（4）发展艺术表现能力和创造力，提高审美能力。

（5）发展自由探索、独立创造的精神。

（6）获得有关科学技术方面的粗浅知识与技能。

☆新西兰幼儿园的教育目标：

（1）身心健康，情绪愉快，保证安全，避免伤害。

（2）适应幼儿园这个“小社会”的日常生活，能判别行为的对与错。

（3）全方位学习，全方位发展。

（4）充分发展个性，并学会与同伴相互学习。

（5）发展语言交往技能与非语言交往技能，并运用不同的方法去创造和表现。

（6）通过积极的探索来学习，获得对身体的控制能力与自信心。

（7）学习思考与推理，认识自然、社会。

☆日本幼儿园的教育目标：

（1）自己的事情自己做。

（2）坚强韧性，不怕困难。

（3）会开动脑筋学习。

（4）有动手能力。

（5）身体健康，精力充沛。

（6）懂得交通、地震等安全知识。

思考与练习

1. 简述学前教育对儿童个体发展的促进功能。
2. 简述学前教育对社会各方面发展的支持功能。
3. 谈谈学前教育功能的特点。
4. 简述我国3～6岁学前教育的任务。
5. 谈谈教育目的和教育目标的关系，简述我国幼儿园教育总目标。
6. 简述学前教育目标制定的三个依据。
7. 重点论述学前教育目标的层次结构。（绘图说话）

学前教育原则和法规

学前教育原则和法规

学习导航

1. 理解学前教育的一般原则及具体表述；
2. 了解并熟练掌握学前教育的基本原则；（重点）
3. 理解教育政策与法规的概念及两者关系；（难点）
4. 理解学前教育政策与法规概念、学前教育政策的特点；学前教育法规的特点及作用；（重点、难点）
5. 了解《幼儿园管理条例》的发布背景及概况，正确解读其内涵；
6. 了解《幼儿园工作规程》的发布背景及概况，正确解读其内涵；
7. 了解《幼儿园教育指导纲要》的发布背景及概况，正确解读其内涵。

第一节　学前教育的原则

案例导入

案例 1：“老师，我出汗了。”

起床了，孩子们各自做着自己的事情。这时，晨晨走到我身边，很不好意思地对我说：“徐老师，我出汗了。”看到他那紧张的样子，我马上意识到，他可能尿床了，但又不好意思对老师说。我随他来到床前，看到被子确实湿了好大一片。我安慰他说：“出汗了没关系，一会儿我帮你把被子晾干了就行了。你先去拉尿。”过了一会儿，我悄悄地把他带到无人的消毒室里，帮他换上了干净的裤子。他腼腆地笑着对我说：“谢谢徐老师！”

案例 2：我们如何与花朵交谈？

我班有个叫晓航的小朋友，经常有人会告他的状。“老师，晓航拉我的椅子。”“他拽我辫子。”“他推我。”“他抢我的玩具。”每当这时，我总是把他拉到身边，大声呵斥一番。但小家伙总是翘起小嘴巴，一副不服气的样子，对我充满了敌意，坏毛病总也改不了。但在一次活动中，我有了意外的收获，改变了对他的教育方法。那是一次在小区内的散步活动，我带着孩子们悠闲地走在小路上，孩子们很兴奋。晓航看到一些野花就蹲下来，对着花说着什么。我觉得很诧异，问：“宝贝儿，你对花儿说什么呢？”他回答：“我对花儿说，你开得真好看。”“你为什么蹲下来悄悄说？”“在花儿面前一定要蹲下来悄悄说，这样花儿才听得见。”听了他的话我感慨万千，是呀，连孩子都知道说话要蹲下来悄悄说，而我在教育孩子时又是怎么做的呢？我们常常把孩子比喻成祖国的花朵，然而在“花朵”面前，我们又有几次蹲下来悄悄地对他们说话呢？

问题探讨

请阅读以上两则案例，说说案例中两位教师的做法体现了什么教育原则。

案例分析

作为幼儿教师，要学会尊重幼儿。也就是要努力做到不武断地批评或否定幼儿的想法和做法，不简单粗暴地指责幼儿，而是了解事情的来龙去脉，再给予必要的帮助和指导。这样才能真正促进幼儿的进步，成为孩子们喜欢的好老师。“尊重儿童”仅仅是学前教育众多原则之一，本节内容将进行详尽阐述。

所谓“原则”即要求，学前教育原则是教师在向儿童进行教育时必须遵循的基本要求。学前教育的原则包括两个部分：一部分是教育的一般原则，是学前教育机构、小学、中学教师均应遵循的，它反映了对所有教育者的一般要求；另一部分是学前教育的特殊原则，是根据学前教育特点提出来的，是对学前教育教师的特殊要求。

一、教育的一般原则

（一）尊重和保护儿童的原则

作为学前教育对象的儿童首先是一个人，是我们社会的一员。因此，他们享有人的基本尊严和权利。幼儿的身心特征也决定了他们必须得到尊重与保护。从历史发展的视角看，无论是《日内瓦儿童保护宣言》《儿童权利宣言》还是《儿童权利公约》，都告诉我们对儿童的保护与尊重代表着人类社会的进步。没有对儿童的尊重和保护，就谈不上真正的教育。

1. 尊重儿童作为社会成员的基本权利和人格尊严

在国际性法律《儿童权利公约》的统一约束下，我们要对任何儿童，无论其出身、背景如何，都要平等地对待。儿童从一出生就具备了人格尊严，他们与我们一样不容忽视和随意歧视。要杜绝对孩子随意敷衍、盲目指责、任意羞辱的粗暴行为，更不能把儿童当作宠物来玩耍，不能随意给他们起绰号，当众披露他们的缺点。教师要将儿童作为具有独立的人格的人来对待，尊重他们的思想感情、兴趣、爱好、要求和愿望等。

拓展阅读

《儿童权利公约》对儿童的保护与尊重

1989 年 11 月 20 日第 44 届联合国大会第 25 号决议通过了第一部有关保障儿童权利且具有法律约束力的国际性约定，即《儿童权利公约》。它是儿童权利保护的宪章，其以儿童独立的权利主体地位为中心，以儿童的最大利益为出发点，对儿童权利保护基本原则作了系统的规定。

《儿童权利公约》第2条第1款规定：“缔约国应尊重本公约所载列的权利，并确保其管辖范围内每一儿童均享有此种权利，不因儿童或其父母或法定监护人的种族、肤色、性别、语言、宗教、政治或其他见解、民族、族裔或社会出身、财产、伤残、出生或其他身份而有任何差别。”

《儿童权利公约》第3条第1款规定：“关于儿童的一切行动，不论是公私社会福利机构、法院、行政当局或立法机构执行，均应以儿童的最大利益为一种首要考虑。”即是说，无论对儿童采取何种措施，应当优先考虑儿童的利益最大化。就全体儿童而言，在进行立法或进行其他规范、调整时，应当考虑最大多数儿童的最大利益。尽管儿童作为为数众多的个体组合，其最大利益的考虑对于个体可能失去实际意义；就儿童个体而言，对其进行的保护性活动或采取的保护性措施，都应当首先考虑该儿童利益的最大化。

《儿童权利公约》第6条规定：“缔约国确认每个儿童均有固有的生命权，缔约国应最大限度地确保儿童的存活与发展。”即每一个儿童都享有生存发展的权利。任何危害儿童身心健康的行为都是违犯公约的，是损害儿童尊严的，应当采取一切措施，包括立法、行政等促进儿童的健康成长。不可否认，儿童在生理、心理上都是弱小和不成熟的，因此当然需要成年人来保护。但是，保护不能替代儿童行使自己的权利，保护更不能抹杀对儿童权利的应有尊重。

2. 保障儿童的合法权益

儿童是人类的未来和希望，今天的儿童是21世纪的主人。儿童的生存、保护和发展是提高人口素质的基础，是人类发展的先决条件，直接关系到一个国家和民族的前途与命运。学前儿童是不同于成人的正在发展中的社会成员，他们享有不同于成人的许多特殊的权利，如生存权、受教育权、受抚养权、发展权、游戏权等，这反映了人类对儿童在社会中的地位和权利的认可与尊重。但是，学前儿童毕竟是稚嫩、弱小的个体，他们对自己权利的行使还必须通过成人的教育与保护才能实现。家庭、学前教育机构和社会应当保障未成年人的合法权益不受侵犯。因此，教师不仅是儿童的“教育者”，也应当是儿童权益的实际维护者。

拓展与思索

在美国教育中，教师毫不吝啬地给予学生大量的鼓励和尊重，有的鼓励甚至别出心裁。一位小学校长很有幽默感，她向孩子宣布，如果全校孩子们能按照她的要求，在一个学年内读够了25 000本书，她就去吻一头猪。于是，全校孩子欣喜若狂，拼命地读，为的是看校长如何吻一头猪。当孩子们完成任务后，校长带着孩子们来到公园，在孩子们的“吻猪”的欢呼声中真的吻了一头猪。此事还上了当地媒介头条新闻。

有人问校长，猪也吻了，下个学年还能用什么方法鼓励孩子读书？她豪放地说，准备租一个热气球，将阅读分最高的孩子升到天上去。教育是爱的艺术，没有爱就没有教育。

苏霍姆林斯基：“世界上没有别的职业比医生和教师更富有人道性了。师生关系不应是从属、服从、压制的关系，而应当是民主平等的关系，是双方在人格平等基础上的合作关系。”

爱默生：“教育成功的秘诀在于尊重学生。”

通过阅读以上的一则案例，谈谈你的感想，案例说明了什么问题。

（二）促进儿童全面和谐发展的原则

1. 儿童的全面发展是整体的发展

学前教育是立足于我国全面发展的教育，要实施儿童全面发展教育首先必须正确理解这里的“全面”。儿童是完整的人，其发展具有整体性。儿童的发展一般分为身体的、认知的、社会性的、情感的、语言的和审美的发展等组成部分。这些部分互相联系，缺一不可。各个组成部分又由不同的结构组成，例如，儿童身体的发展包括：能照顾并爱护自己的身体（适当的饮食、衣着、睡眠、盥洗等），了解并具有良好的饮食营养习惯，发展运用大肌肉和小肌肉的能力，发展身体健康与匀称，欣赏并乐于从事运动。因此，学前教育的全面性即整体性，学前教育应综合各方面内容和多种手段（主题式教育）；此外还强调各方面的相加之和，即“体、智、德、美”“五大领域”教育活动的兼顾与融合。

2. 儿童的全面发展是协调的发展

儿童的健康发展包括身体和心理两个方面，学前教育过程中除了强调身体健康外，更应注重身体与心理发展的协调与统一。其中，人的心理是一个有机系统，其形成与发展是心理各个方面协调统一的过程，首先表现在生理成熟与心理发展的协调统一上。儿童心理发展是在遗传素质基础上，伴随着生理成熟而逐步发展起来的，生理成熟为儿童心理的发展提供了物质条件，先有生理发育，后有心理发展。我们在教育中强调儿童的手脑协调、动作协调、智力发展与情绪发展的协调训练。

3. 儿童的全面发展同样强调个性的发展

儿童之间的个体差异是客观存在的，这种差异体现在儿童的发展特点、发展水平、发展速度、发展方向上。每个儿童都是独特的个体，每个儿童的独特性中蕴含着他独特的成长方式和生长点。教育只有切实地关注到个体，只有“尊重幼儿个体差异，根据幼儿不同的发展水平、已有经验及学习方式采取有效的活动内容、形式和教育方法”，才能“促进每个幼儿富有个性的发展”，避免“千人一面”的教育败笔。学前教育工作中，教师要关注儿童个体差异，尊重并接纳每一个儿童；教师需关注儿童个体差异，从差异中寻求教育依据和切入点，树立“因材施教观”。

（三）发展适宜性原则

发展适宜性是指学前教育实施方案在充分参考和利用现有儿童发展研究成果的基础上，为每名儿童提供适合其年龄特点的、适合其个别差异性的课程及教育教学实践活动。它包括两个层面的含义：一是年龄适宜性；二是个体适宜性。

儿童在各个方面发展的大量研究成果为教师提供了极具教育意义的参考资料，使他们能够据此为不同年龄阶段的儿童而准备具备“年龄适宜性”的学习环境和活动。适宜性的学前教育目标既不能任意拔高，也不能盲目滞后，内容的安排应以儿童身心发展的成熟程度为基础，注重儿童的学习原有基础和准备。学前教育活动中，我们要根据儿童的年龄特点安排教学内容，避免采用“揠苗助长”的做法，不利于儿童的健康发展。

此外，每名儿童都是一个独一无二的个体，并有其独特的个体发展模式和发展进程，例如个性品格、学习方式以及家庭背景等均会不同。学前教育课程和教育教学过程中的师生互动等方面均应考虑儿童的个体差异性，并为其提供具备“个体适宜性”的学习环境和活动。

（四）面向全体，重视个别差异的原则

1. 教育要促进每个儿童的发展

儿童的发展，不是指个别儿童的发展，而是指作为学前教育对象的全体儿童的发展。儿童的发展是依靠幼儿园的保育和教育来实现的。教师面对的既是个体，也是群体。要促进每一个儿童的发展，要求教师既要了解个别儿童的发展特点、学习特点、个人需要和兴趣，也要把握特定年龄阶段儿童发展的一般特点和规律，是在了解一般特点和规律基础上的关注个别，在真正关注个别的同时，实现全面关注、全体发展。

2. 教育要促进每个儿童在原有基础上的发展

面向全体儿童，使所有儿童都得到发展，并不是要求所有儿童都达到同等水平，也不是要求每个儿童在所有方面都达到同样高度。由于每个儿童的需要、兴趣、性格、能力和学习方式等各有不同，因此，必须考虑每个儿童的特殊需要，因人而异，使每个儿童都能发挥优点和特长，在自己原有水平上得到应有的发展。

3. 多种组织形式促进儿童的发展

良好的活动组织形式是达成教育目标的重要因素。教师在组织教育活动时不能用整齐划一的方式去指挥进行，一定要根据活动的内容和儿童的学习需要灵活、合理地运用各种形式组织教育活动，为儿童提供多样化的学习机会与条件。教师对各种活动组织形式的特点、目的功能和教育作用都要有正确的认识和理解，才能合理恰当地安排一日活动和课程实施，才能更有效地利用时间和空间，提高儿童学习的有效性，并使儿童自然地投入到各种活动之中，促进儿童全面发展。

（五）教育影响协调一致的原则

教育影响协调一致的原则是指来自于家庭、幼儿园、社区、大众传媒等的教育影响应当按照教育目的的要求协调一致。家庭应与幼儿园加强联系，互相配合，做好幼儿园的保

育教育工作。我们应以法治教，儿童教育工作有关的机构、团体共同遵循有关儿童保护的各种法律法规和国家教育目的与方针，共同为幼儿创造健康成长的良好社会环境。

二、学前教育的基本原则

以上谈到了教育的一般原则，对学前儿童来说，由于其身心发展的特殊性，教育还应遵循以下几个原则。

（一）保教合一的原则

教师应从学前儿童身心发展的特点出发，在全面、有效地对儿童进行教育的同时，重视对儿童生活上的照顾和保护，保教合一，确保儿童真正能健康、全面地发展。与中小学教育不同，学前教育对儿童的保育方面很重要，这是由学前儿童身心发展特点所决定的。贯彻这一原则应明确以下几点。

1. 保育和教育是学前教育机构两大方面的工作

保育主要是为儿童的生存、发展创设有利的环境和提供物质条件，给予儿童精心的照顾和养育，帮助其身体和机能良好地发育，促进其身心健康地发展；教育则重在培养儿童良好的行为习惯、态度，发展儿童的认知、情感、社会性等，引导儿童学习必要的知识技能等。这两方面构成了学前教育的全部内容。

2. 保育和教育工作互相联系、互相渗透

学前教育机构保育和教育不可分割的关系是由学前教育工作的特殊性和儿童身心发展的特点决定的。虽然保育和教育有各自的主要职能，但并不是截然分离的。教育中包含了保育的成分，保育中也渗透着教育的内容。

保育和教育不是分别孤立地进行的，而是在统一的教育目标指引下，在同一教育过程中实现的。有的保育员在护理儿童生活时，忽视随机地、有意识地实施教育，结果无意识地影响了儿童的发展。这可能助长了儿童的依赖思想，也使他们失去了自信，失去了锻炼自己能力的实践机会，也可能在无形中剥夺了儿童发展自己的权利。

拓展与思索

4岁的乔乔吃饭时总要坐在保育员腿上，让人一口一口喂他吃。上幼儿园的孩子，吃饭应该是力所能及的。老师对他说："乔乔乖，坐在桌边来，自己吃饭更香！"他哭喊着："我不会，我不自己吃嘛！"老师轻抚着他的额头说："乔乔是个聪明的孩子，不会自己吃饭哪行，我教你好吗？"乔乔头摇得像拨浪鼓："有人喂我吃，我干嘛要学呢？在家里，都是奶奶喂的！"

老师从乔乔的父母口中了解到，他们中年喜得贵子，将乔乔当作宝贝，年逾花甲的奶奶也是溺爱乔乔的坚强后盾。乔乔在家过着饭来张口、衣来伸手、养尊处优的"小皇帝"生活。

弄清了乔乔过分依赖的原因，老师开始实施"对因保教"措施。首先，取得乔乔父母

的合作与理解，使家长对孩子的要求与幼儿园一致，尽量让孩子自己吃饭，学会生活自理。其次，主班老师与班里其他老师合作，采用“以儿童教育儿童”的方法，利用其他孩子良好进餐行为进行示范，促进同伴之间的相互学习和交往，让乔乔建立羞耻心和荣辱心。同时，注意安排乔乔与年长儿童交往，让他在哥哥姐姐的良好榜样强化下，习惯成自然。最后，老师们注意尊重孩子的主体地位，鼓励乔乔在一日生活中自主选择，培养他的独立意识，提供心理支持，增加自信心。对他的合理要求及时满足，对不合理的要求，不予理睬，设法转移他的注意力，对他的点滴进步表扬和奖励。

案例中教师运用了保教方法，乔乔终于能自己吃饭了，而且还具备了一定的生活自理能力。

请思考：案例中“保”体现在哪？“教”体现在哪？保和教是否应分开进行？怎样体现保教结合的原则？

（二）以游戏为基本活动的原则

游戏是学前教育机构的基本活动。游戏符合儿童身心发展的特点，是儿童最愿意从事的活动，最能满足儿童的需要，有效地促进儿童发展，具有其他活动所不能替代的教育价值。

1. 游戏是儿童最好的一种学习方式

对于学前儿童来说，游戏也是一种学习，它是一种更重要、更适宜的学习。福禄贝尔说：“儿童早期的各种游戏，是一切未来生活的胚芽。”幼儿最自然的活动方式就是生动活泼的游戏。蒙台梭利说：“游戏就是儿童的工作。”游戏是以过程为导向，以乐趣为目的，以内驱动机为主的活动。陈鹤琴指出：“小孩子生性好动，以游戏为生命。”游戏是学前儿童身心发展的需要，是促进儿童身体、智能、道德品质、情感、创造性发展以及成长的重要手段。在游戏活动中易于唤起儿童的学习兴趣，使儿童在玩中学，学中玩，学得轻松愉快。

2. 游戏是内容和形式的结合

游戏既是课程的内容，又是课程实施的背景，还是课程实施的途径。游戏所涉及的内容是与儿童的兴趣相关联的，游戏应该与儿童的行为相关联，与儿童的主动、自发相关联。教师要充分发挥游戏对儿童发展的作用，保证游戏的时间和空间，提供丰富的游戏材料，使儿童充分自主、愉快地游戏，通过游戏促进身心发展。

（三）教育的活动性和直观性原则

学前儿童认知直觉行动性与形象性的方式和特点，决定了他们不可能像中小学生那样，主要通过课堂书本知识的学习来获得发展，而必须通过活动去接触各种事物和现象，与人交往，实际操作物体，才能逐步积累经验，获得真知。离开了活动，就没有儿童的发展。学前教育机构的教育，不能只让儿童静坐着看和听，而应该尽各种办法，引导儿童主动活动。因为，对他们来说，只有在活动中的学习，才是有意义的学习，才是理解性的学习。教师应从儿童身心发展的特点和水平出发，以活动为基础展开教育过程。同时，活动形式应多样化，让儿童能在多种多样的活动中得到发展。贯彻这一原则要注意以下几点。

1. 教育的活动性

（1）以活动为中介，通过各种活动促进儿童的发展。学前教育促进儿童的发展主要是通过活动来进行的。学前儿童通过参与各种活动使其得到各方面的发展。因此，在活动的设计、组织、实施过程中，教师要为儿童提供丰富的材料和充分的活动空间、时间，开展各种类型的活动，以及进行人际交往的机会，为儿童积极主动活动提供可能。

教师既要相信儿童，放手让他们进行各种活动，又要适时地支持和引导，进行必要的指导和帮助，同时还应鼓励儿童在活动中的积极性、主动性和创造性，使活动真正成为儿童发展的手段。

活动过程中要了解儿童的活动状态，这包括儿童心理觉醒水平、兴趣中心和需要、活动准备状态、习惯性行为、动机和情绪背景、学习和活动方式及其特点等。因此，研究和了解儿童状况，对于实现课程组织实施活动化具有实质性价值。

（2）教育活动的多样性。学前教育机构的活动不应当是单一的。因为活动的内容、形式不同，在儿童发展中的作用是不一样的。教师要注意教育活动的多样性，才能有效地促进儿童发展。如从类型来说，有集中教育活动、游戏、日常生活活动、亲子活动、劳动等，从活动的领域来说有健康的、科学的、语言的等领域的活动；从表现形式来看，有听说表达类、运动类、动手制作类、小实验等活动；从组织形式来看，有集体活动、小组活动、个别活动。

2. 教育的直观性

由于学前儿童思维的具体形象性和第一信号系统占优势的特点，使得他们只有在获得丰富的感性经验的基础上，才能理解事物。学前儿童主要是通过各种感官来认识周围世界的，是通过直接感知认识周围事物，形成表象并发展为初级的概念。对学前儿童的教育应考虑体现直观形象性。

（1）教师要根据儿童不同年龄的身心发展水平，运用各种形式的直观教学手段，从具体的、有情节的事物向无情节的事物过渡，从实物类型的直观向图片、模型、语言直观等过渡。

（2）教师通过演示、示范、运用范例等直观教学手段，变抽象为形象、化枯燥为生动的同时，还可以辅以形象生动的、声情并茂的教学语言，帮助儿童理解教学内容。

（3）通过具体可见或可操作的活动，使儿童比较容易直观形象地理解所学的内容，更快地获得各种知识经验。

（四）生活化和一日活动整体性的原则

由于学前儿童生理、心理的特点，对儿童的教育要特别注重生活化并发挥一日活动的整体功能。

1. 教育生活化

生活化首先就是指教育生活化，也就是说要将富有教育意义的生活内容纳入课程领域。例如，课程安排依照学前教育机构生活的自然秩序展开；课程内容可以依据节日顺序展开；或者依据时令、季节变化规律来组织课程等。加强教育同生活的联系，就是要将学前儿童在各种情境中的经验加以整合，不论是日常生活中学习积累的，还是在非日常生活中应该了解和认识的，都纳入课程组织结构中加以统整。

2. 生活教育化

生活化还有一种含义就是指生活教育化，也就是将学前儿童日常生活中已获得的原有经验，加以系统化、条理化，在生活中适时引导，促进学前儿童发展。在学前教育机构中，在成人看来并不重要的小昆虫、小石子、树叶等各种各样的自然物，都是学前儿童眼中的宝贝，教师若能对学前儿童的世界加以观察，并有效将这些内容组织起来，将会使学前儿童在感知生活的过程中得到发展。如教育活动设计不仅仅是课堂教学活动的设计，还应包括一日活动的各个环节，寓教育于一日活动之中，及时抓住机会对儿童实施教育。通过帮助儿童组织已获得的零散的生活经验，使经验系统化、完整化。此外，活动的内容选择、活动的实施等都要注意生活化。

3. 发挥一日活动整体功能

学前教育机构一日活动是指学前教育机构每天进行的所有保育、教育活动。它不仅包括由教师组织的活动，如儿童的生活活动、劳动活动、教学活动等，还包括儿童的自主自由活动，如自由游戏、区角自由活动等。

学前教育机构应充分认识和利用一日生活中各种活动的教育价值。通过合理组织、科学安排，让一日活动发挥一致的、连贯的、整体的教育功能，寓教育于一日活动之中。

（1）一日活动中的各种活动不可偏废。无论是儿童吃喝拉撒睡一类的生活活动，还是教学活动、参观访问等活动；无论是有组织的活动还是儿童自主自由的活动，都各具重要的教育作用，对儿童的发展都是不可缺少的。因此不能顾此失彼，随意削弱或取消任何一种活动。

（2）各种活动必须有机统一为一个整体。每种活动不是分离地、孤立地对儿童发挥影响力的。一日活动必须统一在共同的教育目标下，形成合力，才能发挥整体教育功能。因此，如何把教育目标渗透到各种活动中每个活动怎样围绕目标来展开，就成为实践中应当特别关注的问题。

拓展与思索

请学生到几所私立、公立幼儿园进行对比调查，了解其一日活动的内容安排，思考其活动是否很好地贯彻幼儿园的教育目标，为什么？

第二节　我国学前教育政策与法规

学前教育政策与法规

案例导入

幼儿园意外事故谁担责？

5岁的淘淘（化名）与同班小朋友一起在幼儿园操场滑滑梯。由于滑梯上孩子过多，再

加上滑梯围栏缝隙过大，淘淘不小心从高处掉落在水泥地上。老师看到后第一时间送其到附近医院救治。经医生检查发现，淘淘右腿小腿骨骨折。淘淘父母接到通知随后赶到医院，听到事情的经过后，家长十分气愤，责问老师为什么没有照顾好孩子。

该老师感到十分委屈，园长也表示："不是教师没尽到看管责任，这只是意外，是孩子太淘气爬到高处与其他小朋友打闹所致，对发生的一切表示遗憾，家长也应该有教养不当的责任。"

一听这些说辞，家长更加气愤，索性将孩子所在幼儿园告上法庭。

问题探讨

读过上述案例，你有怎样的看法？事故的责任如何划分呢？

案例分析

事发不久后，据悉，法院判决幼儿园赔偿淘淘医疗及精神损失费用 10 000 余元。法院认为，淘淘尚未成年，入学期间幼儿园对其负有管理和监护职责，由于幼儿园在组织孩子活动过程中疏于管理，造成淘淘身体损害，幼儿园应承担过错责任。此外，幼儿园的户外游戏设备不符合安全标准，存在隐患，幼儿园没有及时发现而导致事故发生，责令其立刻整修或更换设备。幼儿园的滑梯、攀登架、小城堡、海洋球、跷跷板、蹦蹦床、秋千等大型的玩具要定期进行安全检查和修理。户外活动时，教师更要尽职尽责，避免儿童意外伤害事故发生。

一、学前教育政策与法规概述

（一）教育政策与法规

1. 教育政策

教育政策是指导教育实践活动的依据、纲领和准则。在此我们给教育政策一个较全面的界定：教育政策是指政党、政府等各种政治实体在一定历史时期，为实现一定的教育目的任务而协调内外关系所制定的行动准则。

教育政策有着与其他政策相似的一些特点，这些特点表现为指向明确、相对稳定、影响广泛、体现统治阶级意志、不具强制性。

2. 教育法规

（1）教育的法律化。教育的法律化是伴随着教育的国家化进程而逐步深入的，其主要表现在于两个方面，一是由国家机关制定的教育法律法规数量不断增加，这从后面将要讲到的我国教育法体系可以得到证明；二是法院系统越来越多地参与审理教育方面的案子，从而使大量的教育问题通过司法途径得到解决。

（2）教育法的体系。教育法是指国家机关制定的有关各教育方面的法律法规的总和。各国有各国的教育法体系，这一体系通常是由一系列的教育法律、法规所组成的。在我国，教育法的体系大致由以下部分所组成：宪法中有关教育的条款、教育法律、教育行政法规、地方性教育法规、教育规章（含部门教育规章和政府教育规章）。

① 宪法中有关教育的条款。宪法是国家的根本大法，具有最高的法律地位和法律效力，是所有其他法律法规立法的依据。世界上绝大多数国家的宪法中都有专门关于教育的条款。

② 教育法律。从狭义上说，在我国，教育法律指的是全国人民代表大会及其常务委员会制定的教育方面的规范性文件，它又可以分为教育的基本法律和教育的单行法律两类。前者是对一个国家的教育的基本方针、任务、制度的总体规定，由全国人民代表大会制定并通过，后者是针对教育的某一领域或某一部分而作出的法律规定，由人大常委会制定并通过。到现在为止，我国由全国人大通过的教育法有《教育法》《义务教育法》；由人大常委会通过的教育法律有《学位条例》《教师法》《未成年人保护法》《职业教育法》《高等教育法》等。

③ 教育行政法规。教育行政法规是最高国家行政机关国务院根据宪法和教育法律而制定的教育方面的规范性文件。从性质上说，教育行政法规主要针对某一类教育管理事务，因而其内容比较具体和带有可操作性。目前对我国教育管理工作有较大影响的教育行政法规包括《义务教育法实施细则》《征收教育费附加的暂行规定》《普通高等学校设置暂行条例》《学校体育工作条例》《学校卫生工作条例》《教师资格条例》《社会力量办学条例》《幼儿园管理条例》《残疾人教育条例》等。

④ 地方性教育法规。地方性教育法规主要指省（自治区、直辖市）人民代表大会及其常务委员会根据本地情况和实际需要制定和颁布的地方性教育规范文件，这类教育法规只在本行政区域内有效。

⑤ 教育规章。教育规章有两类，一为部门教育规章，二为政府教育规章。前者由国务院各部委（主要是教育部）发布，在全国范围内有效；后者由省（自治区、直辖市）人民政府制定，只在本行政区域内具有法律效力。教育规章的调整范围极其广泛，数量也很大。

（二）我国学前教育政策与法规

教育政策与教育法在本质上是一致的，教育政策是制定教育法的依据，教育法是教育政策得到实施的保证，成熟的教育政策可以转化为教育法律、法规，但并不等于说这两者是一回事，它们既有共性又有个性。

1. 学前教育政策与法规概述

学前教育政策是政府为实施和发展学前教育事业而制定的行动准则，是实施学前教育行动的出发点以及行动的过程和归宿。它对学前教育发展既有推动作用也有阻碍作用，既直接影响其宏观也间接影响其微观，既规定了学前教育发展的目标，又是学前教育发展的促进手段。国家通过制定和实施各种学前教育政策来为学前教育改革和发展服务。

学前教育法规是由一定的国家教育行政机关依照法定程序制定的，旨在调整相关国家行政部门在行使其学前教育行政权力和公民在行使受教育权利的教育活动中所发生的各种社会关系的法律规范体系的总称。学前教育法规以国家教育行政机关所实施的教育管理活动、幼儿园及其他学前教育机构所进行的教育活动、幼儿的学习活动以及社会组织和公民所从事的与学前教育相关的活动中发生的社会行为主要的规范内容。

2. 学前教育政策的特点

首先，它具有明确的目的性，总是为了解决某类问题，达到某种目的而设立的；

其次，它与其他公共政策有密切的联系，同时自身也是一个结构严谨的体系；

再次，随着外部环境变化以自身因素的变化而调整和改革。

3. 学前教育法规的特点及作用

（1）特点。规范性：通过国家立法机关制定具备法律效力，从而在根本上保证了其权威性和规范性。

强制性：由国家强制力保证实施，这种强制力又具有普遍性，无论谁违反都要受到制裁。

稳定性：它是比较成熟化、定型化的政策。

独特性：与学前教育相关，专业性法规。

（2）作用。保障作用：保障儿童学习权和被尊重权，保障和促进依法治教目的的实现，提高工作的效率。

指引作用：指引人们按学前教育发展的目的和要求开展教育活动，反映其价值取向和政策指引。

教育作用：教育和规范人们学习遵守其规定，教育其他团体或个人重视学前教育和学前儿童。

评价作用：作为国家的一种普遍的强制性教育行为标准，具有判断、衡量人们教育行为的作用。它对办园、管理和评估等评价具有客观性，也是对学前教育工作者的教育行为以及教育质量进行评价的依据。

二、《幼儿园管理条例》解读

（一）《幼儿园管理条例》概述

新中国成立后，特别是改革开放后，我国学前教育事业迅速发展。但学前教育机构形式的多样性以及幼儿园数量和入园人数的迅速增长在促进我国幼教事业发展的同时也带来了一系列的问题。如不经批准私自办园、园舍环境及其设备不合标准、乱收费和克扣挪用专项经费……因此亟待规范。

《幼儿园管理条例》是为了加强我国幼儿园的管理，促进幼儿教育事业的发展而制定的法规，于1989年8月20日经国务院批准，于9月11日发布，自1990年2月1日起施行。

《幼儿园管理条例》是对全国幼儿园进行宏观管理和指导的单行法规文件，新中国第一个幼儿教育法规。

《幼儿园管理条例》的基本结构包括六个部分：

（1）总则（1～6条）

（2）举办幼儿园基本条件和审批程序（7～12条）

（3）幼儿园的保育和教育工作（13～21条）

（4）幼儿园的行政事务（22～25条）

（5）奖励和处罚（26～29条）

（6）附则（30～32条）

（二）《幼儿园管理条例》的内涵

1. 总则

第一条：说明了制定《条例》的目的。

第二条：说明了《条例》适用的人群和机构。

第三条：说明了我国目前幼儿园保教工作的总方针。

第四条：说明了《条例》适用的条件和方式，包括幼儿园的设置依据和条件。

第五条：说明了我国地方幼儿园举办方式和资金来源。

第六条：说明了我国幼儿园的管理原则。

2. 审批程序

第七、八条：从场所、设施等角度强调了幼儿园举办的安全性。

第九条：规定了各类对从事幼儿园工作人员的基本要求和条件。

第十条：要求举办幼儿园的必须有经费来源。

第十一、十二条：规定了幼儿园的设置和审批手续。

3. 幼儿园的保育和教育工作

第十三条：规定在幼儿园工作中应贯彻保教结合原则，促进幼儿全面和谐发展。

第十四条：对幼儿园招生、编班进行规定。

第十五条：强调幼儿园通用普通话。

第十六条：突出了游戏在幼儿园活动中的重要性。

第十七条：规定了在幼儿教育过程中要尊重幼儿的权利，严禁体罚。

第十八至二十一条：对幼儿园安全卫生保健制度的规定。

4. 幼儿园的行政事务

第二十二条：教育行政部门的职能是综合管理、社会协调和业务指导。

第二十三条：规定幼儿园实行园长负责制，并指出了幼儿园园长、教职员工的聘任方式。

第二十四条：规定了幼儿园收费及财务管理。

第二十五条：规定了对幼儿园园舍环境的要求。

5. 奖励和处罚

第二十六条：关于幼儿园管理工作中奖励性的规定。

第二十七、二十八条：关于幼儿园管理工作中处罚性规定。

第二十九条：对行政处罚的救济性规定，也是对行政当事人权利的保护。

6. 附则

第三十条：给各地区提供了一个大的纲领，让其再根据不同的特点制定不同的实施办法。

第三十一条：规定该条例的解释机构。

第三十二条：规定该条例的施行时间。

三、《幼儿园工作规程》解读

（一）《幼儿园工作规程》概述

20 世纪 90 年代中期，随着国内外对儿童认识的提高、学前教育的重视及有关国际条约和国内立法环境逐渐成熟，为了进一步加深对学前教育的理解，并创造高质量的学前教育，从而促进儿童身心全面、和谐地发展，于 1996 年 3 月 9 日，我国原教育委员会发布了《幼儿园工作规程》。

近些年来，我国学前教育事业不断发展，特别是社会力量办园显著增长，迫切地需要完善国家法规、规章以进一步规范幼儿园的管理，又于 2015 年 12 月 14 日，经第 48 次教育部部长办公会议审议通过，对《幼儿园工作规程》相关内容进行了修订和补充，新的《规程》于 2016 年 3 月 1 日起施行。《规程》是为了加强幼儿园的科学管理，规范办园行为，提高保育和教育质量，促进幼儿身心健康，依据《中华人民共和国教育法》等法律法规而制定的。新的《规程》增加了反家暴内容，强调禁止虐童。

《幼儿园工作规程》的结构中共计包括十一章六十六条内容：

第一章　总则（1 ～ 7 条）

第二章　幼儿入园和编班（8 ～ 11 条）

第三章　幼儿园的安全（12 ～ 16 条）

第四章　幼儿园的卫生保健（17 ～ 24 条）

第五章　幼儿园的教育（25 ～ 33 条）

第六章　幼儿园的园舍、设备（34 ～ 37 条）

第七章　幼儿园的教职工（38 ～ 45 条）

第八章　幼儿园的经费（46 ～ 51 条）

第九章　幼儿园、家庭和社区（52 ～ 55 条）

第十章　幼儿园的管理（56 ～ 63 条）

第十一章　附则（64 ～ 66 条）

《幼儿园工作规程》的发布和实施及进一步的修正调整，标志我国学前教育改革进入新阶段。它具体规定了我国学前教育的基本内容范畴、目标及基本实践规范和要求，推动了学前教育实践工作的发展；诠释了高质量学前教育的内涵及学前教育规律。

（二）《幼儿园工作规程》的内涵

1. 总则

幼儿园是对 3 周岁以上学龄前幼儿实施保育和教育的机构。幼儿园教育是基础教育的重要组成部分，是学校教育制度的基础阶段。幼儿园适龄幼儿一般为 3 ～ 6 周岁。幼儿园一般为三年制。

总则中对幼儿园的任务和保教的主要目标作出了规定，还尤其强调幼儿园教职工应当尊重、爱护幼儿，严禁虐待、歧视、体罚和变相体罚、侮辱幼儿人格等损害幼儿身心健康的行为。

2. 幼儿入园和编班

《幼儿园工作规程》第二章规定了幼儿园入园与编班的相关事项。幼儿园每年秋季招生。平时如有缺额，可随时补招。幼儿入园前，应当按照卫生部门制定的卫生保健制度进行健康检查，合格者方可入园。幼儿入园除进行健康检查外，禁止任何形式的考试或测查。

幼儿园规模应当有利于幼儿身心健康，便于管理，一般不超过 360 人。幼儿园每班幼儿人数一般为：小班（3 ～ 4 周岁）25 人，中班（4 ～ 5 周岁）30 人，大班（5 ～ 6 周岁）35 人，混合班 30 人。寄宿制幼儿园每班幼儿人数酌减。幼儿园可以按年龄分别编班，也可以混合编班。

3. 幼儿园的安全

幼儿园应当严格执行国家和地方幼儿园安全管理的相关规定，建立健全门卫、房屋、设备、消防、交通、食品、药物、幼儿接送交接、活动组织和幼儿就寝值守等安全防护和检查制度，建立安全责任制和应急预案。

幼儿园教职工必须具有安全意识，掌握基本急救常识和防范、避险、逃生、自救的基本方法，在紧急情况下应当优先保护幼儿的人身安全。幼儿园应当把安全教育融入一日生活，并定期组织开展多种形式的安全教育和事故预防演练。

幼儿园应当结合幼儿年龄特点和接受能力开展反家庭暴力教育，发现幼儿遭受或者疑似遭受家庭暴力的，应当依法及时向公安机关报案。

4. 幼儿园的卫生保健

幼儿园必须切实做好幼儿生理和心理卫生保健工作。幼儿园应当严格执行《托儿所幼儿园卫生保健管理办法》以及其他有关卫生保健的法规、规章和制度。

幼儿园应当制定合理的幼儿一日生活作息制度；幼儿园应当建立幼儿健康检查制度和幼儿健康卡或档案；幼儿园应当建立卫生消毒、晨检、午检制度和病儿隔离制度，配合卫生部门做好计划免疫工作；幼儿园应编制营养平衡的幼儿食谱，定期计算和分析幼儿的进食量和营养素摄取量，保证幼儿合理膳食；幼儿园应当积极开展适合幼儿的体育活动，充分利用日光、空气、水等自然因素以及本地自然环境，有计划地锻炼幼儿肌体，增强身体的适应和抵抗能力。

5. 幼儿园的教育

幼儿园教育应当贯彻以下原则和要求：

（1）德、智、体、美等方面的教育应当互相渗透，有机结合。

（2）遵循幼儿身心发展规律，符合幼儿年龄特点，注重个体差异，因人施教，引导幼儿个性健康发展。

（3）面向全体幼儿，热爱幼儿，坚持积极鼓励、启发引导的正面教育。

（4）综合组织健康、语言、社会、科学、艺术各领域的教育内容，渗透于幼儿一日生活的各项活动中，充分发挥各种教育手段的交互作用。

（5）以游戏为基本活动，寓教育于各项活动之中。

（6）创设与教育相适应的良好环境，为幼儿提供活动和表现能力的机会与条件。

6. 幼儿园的园舍和设备

幼儿园应当按照国家的相关规定设活动室、寝室、卫生间、保健室、综合活动室、厨房和办公用房等，并达到相应的建设标准；幼儿园应当有与其规模相适应的户外活动场地，配备必要的游戏和体育活动设施，创造条件，开辟沙地、水池、种植园地等，并根据幼儿活动的需要绿化、美化园地；幼儿园应当配备适合幼儿特点的桌椅、玩具架、盥洗卫生用具，以及必要的玩教具、图书和乐器等。

7. 幼儿园的教职工

幼儿园按照国家相关规定设园长、副园长、教师、保育员、卫生保健人员、炊事员和其他工作人员等岗位，配足配齐教职工。幼儿园教职工应当贯彻国家教育方针，具有良好品德，热爱教育事业，尊重和爱护幼儿，具有专业知识和技能以及相应的文化和专业素养，为人师表，忠于职责，身心健康。

幼儿园园长由举办者任命或者聘任，并报当地主管的教育行政部门备案，幼儿园园长负责幼儿园的全面工作；幼儿园教师实行聘任制，幼儿园教师对本班工作全面负责；幼儿园保育员应当具备高中毕业以上学历，受过幼儿保育职业培训；幼儿园卫生保健人员应当具有高中毕业以上学历，并经过当地妇幼保健机构组织的卫生保健专业知识培训并取得专业资格证书。

8. 幼儿园的经费

幼儿园的经费由举办者依法筹措，保障有必备的办园资金和稳定的经费来源。按照国家和地方相关规定接受财政扶持的提供普惠性服务的国有企事业单位办园、集体办园和民办园等幼儿园，应当接受财务、审计等有关部门的监督检查。幼儿园收费按照国家和地方的有关规定执行。幼儿园应当依法建立资产配置、使用、处置、产权登记、信息管理等管理制度，严格执行有关财务制度。

9. 幼儿园、家庭和社区

幼儿园应当主动与幼儿家庭沟通合作，为家长提供科学育儿宣传指导，帮助家长创设良好的家庭教育环境，共同担负教育幼儿的任务。幼儿园应当加强与社区的联系与合作，面向社区宣传科学育儿知识，开展灵活多样的公益性早期教育服务，争取社区对幼儿园的多方面支持。

10. 幼儿园的管理

幼儿园应当建立园务委员会。园务委员会由园长、副园长、党组织负责人和保教、卫生保健、财会等方面工作人员的代表以及幼儿家长代表组成。园长任园务委员会主任。幼儿园应当加强党组织建设，充分发挥党组织政治核心作用、战斗堡垒作用。幼儿园应当建立教职工大会制度或者教职工代表大会制度，依法加强民主管理和监督。幼儿园教师依法享受寒暑假期的带薪休假。幼儿园应当创造条件，在寒暑假期间，安排工作人员轮流休假。

11. 新《规程》强调条款

2016 年 3 月 1 日，教育部发布《幼儿园工作规程》，强调幼儿园应当结合幼儿年龄特点和接受能力开展反家庭暴力教育，发现幼儿遭受或者疑似遭受家庭暴力的，应当依法及时向公安机关报案。同时，针对多次被爆出的幼师虐童案，《幼儿园工作规程》也再次强调，严禁虐待、歧视、体罚和变相体罚、侮辱幼儿人格等损害幼儿身心健康的行为；禁收赞助费及兴趣班费；禁止任何形式的入园考试或测查。

四、《幼儿园教育指导纲要（试行）》解读

（一）《幼儿园教育指导纲要（试行）》概述

改革开放后，我国幼儿教育在不断探索与革新中遇到了许多问题，其中，有些是教育之外的或与教育相关的，这些主要由前述两个规范性文件及其他规范性文件予以规范；但其中也有一些是教育方面的问题，需要单独予以规范。

为进一步贯彻第三次全国教育工作会议和全国基础教育工作会议精神，落实《国务院关于基础教育改革与发展的决定》，推进幼儿园实施素质教育，全面提高幼儿园教育质量，教育部于 2001 年发布关于印发《幼儿园教育指导纲要（试行）》的通知，并从 2001 年 9 月起试行。

《纲要》是对我国学前教育进行宏观管理和指导的单行法规文件。前述的《条例》强调的是“管理”，《规程》强调的是“幼儿园工作”，而本《纲要》强调的是“教育”。它是根据党的教育方针和《幼儿园工作规程》制定的，是指导广大幼儿教师将《规程》的教育思想和观念转化为教育行为的指导性文件。它揭示出幼儿教育应有的核心价值追求，倡导尊重幼儿、保障幼儿权利、促进幼儿全面、和谐发展的儿童观。从性质上看，《纲要》更多是幼儿教育基本规律法制化的体现，它更注重从法规的角度诠释幼儿教育的基本规律。

《幼儿园教育指导纲要》的结构中包括四大部分内容：总则、教育内容与要求、组织与实施、教育评价。

1. 总则

总则具体包括《纲要》制定的依据、原因和目的；我国幼儿园教育的性质和根本任务；我国幼儿园教育的外部原则；幼儿园教育自身的特点。

2. 教育内容与要求

这一部分内容分成健康、语言、社会、科学和艺术五个领域，关于每个领域的表述均包含“目标”“内容与要求”和“指导要点”三个部分。“目标”主要表明该领域重点追求什么，它主要的价值取向何在；“内容与要求”说明为实现教育目标，教师应该做什么、该怎样做，与此同时，将该领域教育的内容自然地负载其中；“指导要点”则主要点明该领域的教和学的特点和特别应当注意的普遍性的问题。

3. 组织与实施

这个部分内容包含 11 个条目，其中贯穿着尊重幼儿的权利，尊重教师的创造，尊重幼儿在学习特点、发展水平、个性特征等方面的差异，尊重幼儿身心发展的客观规律，尊重教育、教学的客观规律等理念与观点。

4. 教育评价

“教育评价”提出了评价的发展性、合作性、标准的多元性以及多角度、多主体、多方法、

重视过程、重视差异、重视质性研究等原则。

（二）《幼儿园教育指导纲要（试行）》的内涵

1. 健康

（1）健康领域目标。促进幼儿身心健康发展，这既是幼儿教育的根本目的，也是幼儿健康教育的终极目标。具体包括四个总目标：身体健康，在集体生活中情绪安全、愉快；生活、卫生、习惯良好，有基本的生活自理能力；知道必要的安全保健常识，学习保护自己；喜欢参加体育活动，动作协调、灵活。

幼儿健康教育的终极目标指向的对象是身心健康并有良好的社会心态、有适度的交际愿望和交际能力、具有健康的发展现状与发展趋向的承载者。从健康领域目标内涵的价值取向中不难看出：《纲要》强调身心和谐、保护与锻炼并重和健康行为的养成。

（2）内容与要求：

① 结合幼儿生活进行安全、营养和保健教育；

② 建立科学的幼儿生活常规，培养幼儿良好的生活习惯和生活自理能力；

③ 注重家庭教育与社区教育，争取家庭和社区的积极配合；

④ 在教育过程中充分尊重幼儿生长发育规律；

⑤ 保护幼儿的生命，这是幼儿园的首要任务；

⑥ 树立正确的健康观念，注重幼儿身心健康的同步发展。

2. 语言

（1）语言领域目标。幼儿语言能力的培养目标包括四个方面：乐于与人交谈，讲话礼貌；注意倾听对方讲话，能理解日常用语；能清楚地说出自己想说的事；喜欢听故事、看图书；能听懂和会说普通话。

《纲要》非常重视交流活动和语言环境对幼儿语言发展的影响，强调在运用过程中培养幼儿的语言能力，最重要的是创造一个良好的环境；幼儿教师要为幼儿创造支持性的语言教育环境，成为幼儿平等的交流者，让幼儿通过聆听来理解语言，积极地加入交流来发展语言运用能力。

（2）对教师的要求。幼儿园语言教育的首要任务是帮助幼儿成为积极的语言运用者。教师和其他的成人需要特别注意保护幼儿运用语言交往的主动性和积极性。给每个孩子说话的机会，满足他们交往的愿望，使他们的语言能力得到锻炼。

3. 社会

（1）社会领域的教育目标。能主动地参与各项活动，有自信心；乐于与人交往，学习互助、合作和分享，有同情心；理解并遵守日常生活中基本的社会行为规则；能努力做好力所能及的事，不怕困难，有初步的责任感；爱父母长辈、老师和同伴，爱集体、爱家乡、爱祖国。

（2）实施社会教育应遵循的原则和方法。

① 正面教育：这是一切教育最基本的原则，其核心是在尊重的前提下对幼儿提要求，以积极的方式对幼儿提出要求；要求教师能够通过创设的条件、机会影响幼儿活动的方式；

教师将自己放在和幼儿平等的位置，身体力行自己所提出的倡议。

② 生活教育：社会性的教育是在日常生活中，借助于日常生活，并且为了日常生活而进行的。这就要求教师在大量生活细节中，在不改变生活原有特质的前提下，将与某种生活内容或生活方式相应的社会性教育的目标结合进去。

4. 科学

（1）科学领域教育目标。对周围的事物、现象感兴趣，有好奇心和求知欲；能运用各种感官，动手动脑，探究问题；能用适当的方式表达、交流探索的过程和结果；能从生活和游戏中感受事物的数量关系并体验到数学的重要和有趣；爱护动植物，关心周围环境，亲近大自然，珍惜自然资源，有初步的环保意识。

（2）内容与要求。科学教育的内容应从身边取材：引导幼儿关注周围生活和环境中常见的事物，发现其中的有趣和奇妙，有益于保持他们的好奇心，激发他们的探究热情，使他们从小就善于观察和发现。

形成安全的探究氛围：这是儿童主动学习和探究的基本前提和条件。教师要给幼儿出错的权利，并把其作为了解他们思维和认识水平的线索。

（3）指导要点。幼儿科学教育是科学启蒙教育，重在激发幼儿的认识兴趣和探究欲望；

让儿童亲历和感受科学探究的过程和方法，体验发现的乐趣；科学教育生活化，学习身边的科学，科学教育活动应渗透于一日生活之中。

5. 艺术

（1）艺术领域的教育目标。能初步感受并喜爱环境、生活和艺术中的美；喜欢参加艺术活动，并能大胆地表现自己的情感和体验；能用自己喜欢的方式进行艺术表现活动。

（2）内容与要求。强调教师应通过艺术活动使幼儿激发情趣、激活兴趣，通过艺术活动体验审美愉悦，使艺术活动赋予幼儿以满足感和成就感。要尊重幼儿个人的意志，给儿童自己选择表达内容和方式的自由；教师要给儿童提供宽松的环境条件，维护宽松、和谐的精神氛围和自主表现的时空。幼儿艺术活动应以幼儿为本，强调主动性。

6. 《纲要》的实施对幼儿教师的要求

（1）全面、正确地了解儿童（的发展能力）。正确地认识儿童与儿童发展；掌握儿童学习和发展的规律；平视儿童，在与儿童交往和教育过程中研究儿童发展。

（2）有效地选择、组织教育内容。理解儿童发展各方面的目标及其相互关系，并以此为自己工作的指导；明确教育内容是活的、动态变化的，具有明显的针对性与适宜性，需要教师根据教育目标确定；教育内容要结合并来自于儿童发展和生活经验；充分运用社会、文化、本土自然和人文等资源。

（3）创设发展支持性环境。为幼儿创设健康、丰富的生活和活动环境，以及充满关爱、温暖、尊重和支持的精神心理环境；有效组织适合于幼儿的多种形式的教育活动；促进儿童间积极的互动与交往，形成一种有利于儿童学习和发展的合作性学习氛围；教师自身要成为儿童学习和活动的支持者、合作者和引导者；积极与家长沟通，使其充分了解，理解、

支持、配合幼儿园开展各种形式的活动；积极地评价儿童。

7.《纲要》中有关教育评价的内容

幼儿园教育评价应具有促进每个幼儿发展，促进教师自我成长，促进课程本身发展等功能。随着新评价观的逐步建立，教育评价体系及方法出现了如下变化：

评价过程由静态变为动态，关注幼儿的学习变化与成长历程；

评价情境由人为的变为真实的，强调在真实情境中对幼儿进行评价；

评价内容与方式由单一变为多元；

由评价者作为单一评价主体到有关人员都是评价的参与者。

拓展阅读

解读《关于幼儿教育改革与发展的指导意见》

《意见》是继《纲要》之后，我国为推进新时期幼儿教育管理改革与发展而颁发的纲领性文件，是对已颁发政策法规的进一步完善和补充。前述文件如《规程》《条例》等皆为幼儿园工作的操作指南，而本文件侧重于改革、发展与指导。如果从法的角度看，前者属于微观规制，而后者则属于宏观调控，这也标志着我国对幼儿教育事业管理水平的提高。

《意见》的主要内容：进一步明确了幼儿教育的地位和作用；总结了我国幼儿教育发展现状；提出了幼儿教育事业的发展目标和任务；强调继续坚持适合我国国情的幼儿教育事业的发展方针；对新形势下完善幼儿教育的管理，落实加强管理的责任，以及深化幼儿教育改革，提高幼儿教育质量，提高幼儿教育师资队伍的水平，加强领导保证幼儿教育改革与发展的顺利进行等提出了要求。

（一）强调了幼儿教育的重要地位和作用

“幼儿教育是基础教育的重要组成部分，发展幼儿教育对于促进儿童身心全面健康发展，普及义务教育，提高国民整体素质，实现全面建设小康社会的奋斗目标具有重要意义。”

如果说教育是民族的希望，那么其中的学前教育就是希望中的希望。学前教育是构筑整个教育大厦的地基，其重要性是不言而喻的。

（1）保障幼儿生存、学习与发展的基本权利。由于其常常无法自己实现，只能靠成人和社会来保护。

（2）促进儿童身心全面健康发展。应以促进幼儿身心全面、健康、和谐发展，为其终身发展奠定基础。

（3）巩固、提高我国九年义务教育成果。帮助幼儿适应学校生活，为进入小学学习做好准备。

（4）有利于提高国民整体素质，构筑终身教育体系，促进经济和社会持续发展。与计划生育相关。

（5）有利于实现建设小康社会的奋斗目标。消除贫困、促进社会合作、增强社会凝聚力等其他功用。

（二）指出了我国幼儿教育事业的发展形势

一组数字说明形势大好，但背后也存在问题：

（1）政府投入不足：定位不明导致责任不清，直接造成财政投入不足，过分强调了其非义务教育性。

（2）管理混乱：各种社会力量办园不规范，原企业办园管理无序，应试教育导致其教学与管理混乱。

（3）资源严重不均衡，农村地区发展缓慢：城乡及示范园和普通园间差距显著，且民办园两极分化。

（4）管理力量薄弱：省级政府教育主管部门中的职能缺位，市县级幼教管理力量更为薄弱，且绝大多数管理干部身兼数职，难以履行基本的管理职能。

（5）教师队伍不稳定：待遇普遍偏低、身份非公非民、相关问题长期未决，企业改制中丧失优质师资。

（6）收费严重失控：公办园收赞助费、民办园搞连锁经营收加盟费，非法办园收费更是无章可循。

（三）关于我国幼儿教育的改革和发展的六大意见

（1）明确新时期改革与发展的目标和任务。

（2）完善管理体制和机制，切实履行政府职责。

（3）加强管理，保证事业健康发展。

（4）全面实施素质教育，提高教育质量。

（5）加强教师队伍建设，提高教师队伍整体素质。

（6）加强领导，切实履行政府职责，保证教育改革与发展的顺利进行。

拓展与思索

解读《3～6岁儿童学习与发展指南》

为深入贯彻《国家中长期教育改革和发展规划纲要（2010–2020年）》和《国务院关于当前发展学前教育的若干意见》（国发[2010]41号），指导幼儿园和家庭实施科学的保育和教育，促进幼儿身心全面和谐发展，于2012年10月9日由教育部正式颁布《3～6岁儿童学习与发展指南》，对防止和克服学前教育“小学化”现象提供了具体方法和建议。

《指南》从健康、语言、社会、科学、艺术五个领域描述幼儿学习与发展，分别对3～4

岁、4～5岁、5～6岁三个年龄段末期幼儿应该知道什么、能做什么，大致可以达到什么发展水平提出了合理期望。同时，针对当前学前教育普遍存在的困惑和误区，为广大家长和幼儿园教师提供了具体、可操作的指导、建议。

《指南》的制定始于2006年，专家组分析比较13个国家早期儿童学习与发展指南的相关内容，用两年时间广泛征求幼儿园园长、教师和家长的意见，在全国东中西部抽取3 600名幼儿及其家长作为测查对象。正式文本出台前，指南先后两次面向各省（区、市）教育行政部门和有关师范院校征求意见，又在教育部门户网站面向社会公开征求意见。

教育部学前教育专家指导委员会负责人介绍，《指南》着重强调了要充分认识生活和游戏对幼儿成长的教育价值，严禁“揠苗助长”式的超前教育和强化训练；成人不应用一把“尺子”衡量所有幼儿等先进教育理念。

解读《幼儿园教师专业标准》

为促进幼儿园教师专业发展，建设高素质幼儿园教师队伍，根据《中华人民共和国教师法》，教育部2012年颁布出台了《幼儿园教师专业标准（试行）》[2012]1号文件（以下简称《专业标准》）。

幼儿园教师是履行幼儿园教育工作职责的专业人员，需要经过严格的培养与培训，具有良好的职业道德，掌握系统的专业知识和专业技能。《专业标准》是国家对合格幼儿园教师专业素质的基本要求，是幼儿园教师开展保教活动的基本规范，是引领幼儿园教师专业发展的基本准则，是幼儿园教师培养、准入、培训、考核等工作的重要依据。

贯穿《专业标准》的基本理念是：师德为先、幼儿为本、能力为重和终身学习。

师德为先：热爱学前教育事业，具有职业理想，践行社会主义核心价值体系，履行教师职业道德规范，依法执教。关爱幼儿，尊重幼儿人格，富有爱心、责任心、耐心和细心；为人师表，教书育人，自尊自律，做幼儿健康成长的启蒙者和引路人。

幼儿为本：尊重幼儿权益，以幼儿为主体，充分调动和发挥幼儿的主动性；遵循幼儿身心发展特点和保教活动规律，提供适合的教育，保障幼儿快乐全面健康地成长。

能力为重：把学前教育理论与保教实践相结合，突出保教实践能力；研究幼儿，遵循幼儿成长规律，提升保教工作专业化水平；坚持实践、反思、再实践、再反思，不断提高专业能力。

终身学习：学习先进学前教育理论，了解国内外学前教育改革与发展的经验和做法；优化知识结构，提高文化素养；具有终身学习与持续发展的意识和能力，做终身学习的典范。

请阅读以上两项法规具体内容，并学着去进行深入解读，进行800～1 000字的评论，格式参考规范论文。

思考与练习

1. 简述学前教育的一般原则。
2. 论述学前教育的各项基本原则。
3. 简述教育政策与法规的概念及两者关系。
4. 简述学前教育政策与法规概念、学前教育政策的特点，学前教育法规的特点及作用。
5. 论述《幼儿园管理条例》的发布背景及概况，正确解读其内涵。
6. 论述《幼儿园工作规程》的发布背景及概况，正确解读其内涵。
7. 论述《幼儿园教育指导纲要》的发布背景及概况，正确解读其内涵。

第五章 学前教育课程

学前教育课程

学习导航

1. 掌握学前教育课程的概念；（重点）
2. 了解学前教育课程的基本类型；
3. 掌握学前教育课程计划方案编制方法；（重点）
4. 熟悉学前教育课程目标的要素；（难点）
5. 掌握幼儿园课程内容选择的原则。（重点、难点）

第一节 学前教育课程概述

案例导入

《司马光砸缸》引发的探讨

一位教师在讲《司马光砸缸》时，有学生提出：司马光是通过砸缸把小朋友救出来，用其他方法也可以把小朋友救出来，比如“去喊大人”“找凳子拉”“把缸推倒”等都可以。老师首先充分肯定学生的想法，接着让学生讨论哪种方法能在最短时间把小朋友救出来，孩子们通过讨论明白了：“去喊大人”“找凳子拉”时间来不及，“把缸推倒”力量达不到。讨论结果是用砸缸的方法能以最快的速度救出落水的小朋友。

问题探讨

读过上述案例，谈谈自己的想法。在你看来，幼儿园应该教给孩子们什么？

案例分析

幼儿时期正是培养创新精神的黄金时期。同成人相比，幼儿的好奇心和好胜心强，没有过多的思想束缚，敢想、敢做。我们必须转变那种妨碍幼儿创新精神和创新发展的教育观念，教育是科学，教育是艺术。教育的本质在于创造，没有创造就没有教育的发展和突破；教学的生命在于创新，没有创新，教学就僵化停滞了。幼儿教师应鼓励幼儿大胆创新，并为其提供创造的机会和条件。由此可见，在教学中，教师要挖掘教材中的创新因素，引导学生多向思维。

一、学前教育课程的概念

（一）课程的概念

对于课程这一概念的理解和界定要受到不同的教育思想，不同的课程观以及不同的研究者对课程研究的角度与层面等多方面因素的影响。随着社会的发展，教育观念和理念的更新与变化，课程的内涵也在发生着变化。

在中国，“课程”一词最早出现于唐朝。唐朝孔颖达在《五经正义》里为《诗经·小雅·巧言》中“奕奕寝庙，君子作之”一句注疏：“维护课程，必君子监之，乃依法制。”据考，这是“课程”一词在汉语文献中的最早记载。

在西方，“课程”一词源出拉丁语，意为“跑马道”，指学生要沿着学习的“跑道”学习。英国教育家斯宾塞作为教育科学的重要倡导者，在1859年发表的《什么知识最有价值》（*What Knowledge is of Most Worth*）一文中首先提出课程一词，解释为：教学内容的系统组织。

关于课程的具体概念，不同的教育学者有不同的界定，据美国学者 I.A.C 鲁尔统计，国内外关于课程的含义至少有120种定义。下面介绍国内有关研究中几种有代表性的表述。

（1）课程是教学内容及其进程的总和。（王策三，1985）

（2）几乎每个课程工作者都有自己对课程的界定，若把各种课程定义加以分类，大致上可分为以下六种理解：课程即教学科目；课程即有计划的教学活动；课程即预期的学习结果；课程即学习经验；课程即社会文化的再生产；课程即社会改造。

根据上述认识，可以给课程下一个操作性定义：课程是为实现各级各类学校的教育目标而规定的教学科目、活动及其目的、内容、范围、分量和进程的总和，是促进学生发展的全部教育性经验。它主要是通过课程计划、课程标准和各科教材而体现出来的。

（二）学前教育课程的概念

学前教育课程在此主要指幼儿园课程。关于幼儿园课程的概念有两种理解：狭义的幼儿园课程是指某一门学科或指幼儿园开设的所有学科的总和；广义的幼儿园课程是指为实现幼儿园教育目标而采取的各种教育手段，是帮助幼儿获得有益的学习经验，促进其身心全面、和谐发展的各种活动的总和。

二、学前教育课程的基本类型

依据社会发展的要求、人类文化及科学技术的发展水平和不同的课程理论，我们对学前教育课程（幼儿园课程）进行了不同的划分。

（一）依据课程组织形态分类

课程组织是课程内容组织的简称，指在一定的教育价值观指导下，把课程的各种要素组织成动态运行的课程结构系统。不同价值观指导下的课程结构系统有很大区别，主要有以下几个方面：

第一层面，根据课程是以主体为核心还是以客体为核心，可分为学科课程与经验课程。

第二层面，从分与合的对立关系看，可将课程划为分科课程、综合课程。

第三层面，从近代课程发展过程中出现的各种课程组织形态看，可划分为分科课程、相关课程、融合课程、广域课程、核心课程和活动课程。

（二）依据课程功能分类

此种分类方法是美国斯坦福大学艾斯纳教授的分类，他将课程分为显性课程、隐性课程、悬缺课程。

1. 显性课程

显性课程是指学校教育中有计划、有组织地实施的正式课程。

2. 隐性课程

隐性课程是指学生在学习环境中所学到的非预期或非计划性的知识、价值观念、规范和态度。

3. 悬缺课程

悬缺课程是指学校该提供却没有提供的学习经验，是存在于理想的课程和实际的课程之间的流失的课程。

（三）当前我国幼儿园课程的主要类型

目前，我国幼儿园课程类型主要是分领域课程，主要表现为分科课程和活动课程。

1. 分科课程

分科课程是指从不同门类的学科中选取知识，按照知识的逻辑体系，以分科教学的形式向学生传授知识的课程。分科课程与学科课程基本上是一致的，分科课程强调的是课程内容的组织形式，而学科课程强调的是课程内容固有的属性。分科课程目前是一种普遍使用的课程类型，在幼儿园具体的教学实践中，按照幼儿发展的五大领域，将课程进行分科。分科课程坚持以学科知识及其发展为基点，强调本学科知识的优先性，坚持以学科知识的逻辑体系为线索，强调本学科自成一体。它的主要优点是能够体现教学的专业性和结构性，突出教学的逻辑性和连续性，更重要的是在具体的教学实践中这种类型的课程更有助于组织教学和评价，能够提高教学效率。

2. 活动课程

活动课程又称“经验课程”“儿童中心课程”，是与学科课程对立的课程类型。它以儿童从事某种活动的兴趣和动机为中心组织课程。活动课程的思想可以溯源到法国自然主义教育家卢梭。19世纪末20世纪初，美国的杜威和克伯屈发扬了这一思想，杜威的课程为“经验课程”或“儿童中心课程”。

活动课程的基本特征：

第一，主张一切学习都来自于经验，而学习就是经验的改造或改组；

第二，主张教学必须从学习者已有的经验开始；

第三，主张打破严格的学科界限，有步骤地扩充学习单元和组织教材，强调在活动中学习，而教师从中发挥协助作用。

相对于学科课程而言，活动课程有以下优点：

第一，重视学生的需要与兴趣，尊重学生的主体性，有利于学生学习的主动性、积极性的发挥；

第二，强调教材的合理组织，有利于学生在与文化，与科学知识的交互作用的过程中，获得人格的不断发展；

第三，强调实践活动，重视学生通过亲身体验获得直接经验，有利于培养学生解决实际问题的能力；

第四，重视课程的综合性，主张以社会生活问题来统合各种知识，有利于学生获得对世界的完整认识。

总体而言，幼儿园课程具有以下特点，即课程目标具有全面性和发展性、课程内容具有生活性和启蒙性、课程实施具有活动性和灵活性。

拓展阅读

幼儿园课程的“分科”与“整合”

《幼儿园教育指导纲要（试行）》指出，“幼儿园教育内容可以相对划分为健康、语言、社会、科学和艺术五个领域，也可作其他不同的划分。各个领域的内容相互渗透，从不同的角度去促进幼儿情感、态度、能力、知识、技能等方面的发展”。就课程与教学而言，分科和整合是认识世界的两种不同的方式，没有孰优孰劣之分。与此相对应，学校课程中的分科和整合都有各自存在的理由，整合和分科各有自己的优势和不足。

幼儿园课程是为幼儿的发展而存在的，而不是为系统知识的传授而存在。幼儿园的课程关注的不是应教给幼儿哪些知识，而是幼儿发展的任务是什么，或者说幼儿应在哪些方面得到发展。过去我们过分强调分科或分领域的教育，往往导致教师只注意某一学科或领域的教育价值。解决问题的关键立足于人是整体、教育是整体、生活是整体的观点，在课程开发和教学中采取实事求是的态度，该整合的坚决整合，该分科的坚持分科，整合中有分化，分科中有整合，取长补短，相得益彰。让幼儿愉快、健康地生活是幼儿园课程设置与开展的目的所在。

第二节　学前教育课程实施策略

案例导入

某幼儿园小班体育课程计划方案

一、课程目标

依据小班朋友年龄小，不懂事，刚离开父母的特点，身体锻炼应以接触体育活动为出发点，让其明白什么是体育活动，使其对体育活动产生大致的印象与浓厚的兴趣爱好。依此制定出各种教育目标如下：

课程目标	对体育活动初步认识与培养适合自身的体育活动
身体目标	能够简单掌握动作要领，完成基本动作要求
心理目标	能做到集中注意力即可
社会参与目标	培养与老师之间的互动关系

二、课程计划

（一）热身运动

头部运动	活动颈关节，四个八拍，前两个八拍头依次向上下左右摆动，后两个八拍，头由顺时针到逆时针摆动
肩部运动	活动肩关节，手成钩型，肘关节，指向肩膀，四个八拍，前两个八拍由后向前，后两个八拍由前向后
腰部运动	活动髋关节，双手叉腰，双腿与肩同宽，四个八拍，前两个八拍顺时针方向转动髋关节，后两个八拍逆时针转动
关节运动	活动膝关节，四个八拍，双手撑膝，膝关节微屈，方向同上
腕踝关节	活动手腕踝关节，四个八拍，双手手掌交叉合十，双脚与肩同宽，前两个八拍活动左踝关节与腕关节，后两个八拍活动右踝关节与腕关节

（二）主要课程（以游泳练习为例）

让孩子感受在水的环境下的自身状态，熟悉陌生的环境，能够熟悉水性，掌握初步的游泳基本动作，学会在有水的环境下行走。孩子游泳应在老师的指导下戴救生圈有次序进行。

（三）放松练习

所谓放松，就是让孩子紧张的肌肉与神经松弛下来。在体育活动过后，放松很重要，往往能起到事半功倍的效果。放松活动可以采用游戏放松与直接放松两种。

游戏放松可以采用能适应这个年龄段的孩子的各种简单游戏，如丢手巾、过家家等。

直接放松可以采用老师帮孩子按摩。

问题探讨

依据上述案例，谈谈你对幼儿园课程实施计划的看法。它有什么价值？

案例分析

幼儿园课程实施方案是指幼儿园在领会国家和地方课程精神的基础上，充分考虑本园资源条件，对课程进行整体设计与规划，由此形成的平衡、和谐、适宜的书面课程计划。课程实施方案是幼儿园课程实施与管理的基本依据。

课程实施是将编制好的课程计划付诸实际教学行动的实践过程，是实现预期的课程理想，达到预期课程目的，实现预期教育结果的手段。

一、学前教育课程计划

课程计划又称教学计划，是课程设置的整体规划。它规定不同课程类型相互结构的方式，也规定了不同课程在管理学习方式的要求及其所占比例，同时，对学校的教学、生产劳动、课外活动等作出全面安排，具体规定了学校应设置的学科、课程开设的顺序及课时分配，并对学周、学期、学年进行划分。

一般课程计划主要包括以下几项内容，即培养目标（知识目标、能力目标和素质目标）、课程设置、考试考查及实施要求。

二、学前教育课程目标

学前教育课程目标及内容

学前教育课程目标是依据学前教育总目标和幼儿发展目标确定的，是教育目标的具体体现。要实现教育目标，首先就要制定好课程目标。

课程目标是有层次的，是按照教育目标逐级转化为教学目标的纵向逻辑关系来划分的。大致可分为以下几个不同的层次：

（一）教育目标

它是制定幼儿园课程目标的依据。幼儿园的课程目标要依据学前教育目标来具体制定。

（二）课程目标

一般较特定地表述为幼儿园要求的教育成果，它指引幼儿园教师或课程编制者设计课程方案，也反映着一个幼儿园系统的教育取向。这一部分内容明确了各门学科在知识与技能、过程与方法、情感态度与价值观三方面共同而又各具特点的课程总目标和学段目标，即幼儿园常用的学段——小班、中班、大班。

（三）教育行为目标

教育行为目标是指某一具体教育活动所要实现的目标，这是课程目标在每日教学过程中的具体反映，可以说教育行为目标是构成课程目标体系的细胞。行为目标具体、明确、易操作，在幼儿园的教学设计中，教师一般采用“教学要求”或“活动要求”来表示。

一个规范、明确的行为目标的表述应该包含如下要素：

行为主体，即学习者是儿童而不是教师；

行为动词，用以描述儿童所形成的可观察、可测量的具体行为；

情境或条件，主要说明儿童在何种情境下完成操作；

表现水平，指儿童对目标所达到的最低表现水准，用以评量学习表现和学习结果所达到的程度。

拓展与思索

对下列幼儿礼仪教育行为目标进行要素分析。

1	入园时，会使用简单的礼貌用语与老师、同伴打招呼
2	会使用正确的方法洗手，并把手洗干净
3	喝水时能固定于座位，会两只手端起杯子饮水
4	会用水杯接水或尝试自己倒水（奶、豆浆等饮品），接水时知道水不宜接得过满
5	进餐前能把手洗干净
6	能正确使用勺子独立进餐，不撒饭
7	餐后能漱口、擦嘴、洗手
8	睡眠时不吃零食，不拿玩具，养成右卧睡眠的习惯
9	能按照正确的顺序和方法穿脱衣服
10	离园时，能有礼貌地与父母打招呼，与老师、同伴说再见

三、学前教育课程内容

课程内容是实现课程目标的载体，就是幼儿园的教育内容。幼儿园课程内容不仅是广博的、浅显的，更应具有启蒙性，这样就要求幼儿园课程内容的选择不仅应覆盖儿童身心发展的所有方面，还应与其发展水平相适应。

在选择幼儿园课程内容时要遵循以下原则：

1. 系统性原则

强调儿童发展领域间的逻辑联系，形成符合儿童身心发展特点的知识系统，而不是拘泥于各学科的知识体系，重视儿童认知和人格发展的阶段性，按照幼儿年龄阶段特点，体现课程系统的层次性。

2. 科学性原则

课程内容的概念正确，知识准确；注重科学方法、认知能力、操作和表达技能的养成和社会经验的积累。

3. 创新性原则

课程既联系儿童原有经验，又要超出原有经验的新奇和独特，引起认知上的不协调和冲突，激发兴趣，具体内容要先于儿童发展并引导儿童发展。

四、学前教育课程组织

课程组织是指在一定的教育价值观指导下将所选出的各种课程要素妥善组织为课程结构，使各种课程要素在动态运行的课程结构系统中产生合力，以有效实现课程目标。简言之，就是对选择出来的课程内容予以安排，构成比较可行的教育方案或计划的过程。

常用的课程组织类型有显性课程组织类型和隐性课程组织类型。

（一）显性课程组织类型

1. 班级授课类型

班级授课，即按照幼儿年龄分班，集体接受教育的方式。幼儿被分配到各自固定的班级，教学在规定的时间按学科进行。这种教学组织类型有利于教师发挥作用，也能够保证幼儿完成国家规定的教学任务，使教学按计划有条不紊地进行，幼儿在一起集体授课，共同前进。但是在顾及幼儿个体差异方面显示着明显的不足。

2. 分组授课组织类型

分组就是把整个班级分成许多小组，以小组为单位进行自主性的共同学习。

3. 个别授课组织类型

个别幼儿之间不交换信息，每一个幼儿自主、单独进行的问题解决学习。

（二）隐性课程组织类型

幼儿园隐性课程主要指给予幼儿潜移默化影响的幼儿园环境，包括物质环境和精神环境两个层面。随着幼儿园课程改革与实践的不断发展，人们在重视幼儿园显性课程的同时，越来越重视幼儿园隐性课程的巨大影响。因此，教师必须按照科学的原则来创设幼儿园物质环境，营造和谐的心理气氛，发挥环境的教育作用，促进幼儿体、智、德、美等的全面发展。

五、学前教育课程评价

课程评价是对课程整体结构、实施过程及结果等作出价值判断，并对课程进行改进和逐步完善的过程，它是课程实施的反馈机制，更是关注每个幼儿发展的过程。课程评价激励幼儿向预定的发展目标进取，并维护幼儿之间平等和谐的关系。

对幼儿园教师来说，评价一方面是要考查教育活动设计是否合理，过程是否妥当，目标是否实现；另一方面可以通过幼儿的学习与发展水平及状况，为进一步进行教育提供材料。教师从评价中得到反馈信息，及时调整与修改活动计划与安排。

思考与练习

1. 学前教育课程的概念。
2. 简述学前教育课程的基本类型。
3. 说明学前教育课程计划方案编制方法。
4. 试着分析学前教育课程目标的要素。
5. 简述幼儿园课程内容选择的原则。

第六章　学前教育活动

学前教育活动

学习导航

1. 了解幼儿园一日生活活动特点；
2. 熟悉日常生活活动的教育作用；（重点）
3. 能说明日常生活活动的内容和具体要求；
4. 熟知组织和指导日常生活活动应注意的事项；（难点）
5. 理解学前教育领域活动的特点；
6. 掌握学前教育领域活动设计的方法；（重点、难点）
7. 理解学前儿童教学活动的特点；
8. 掌握学前儿童教学活动组织的方法；
9. 熟悉学前儿童游戏活动的特点；
10. 掌握学前儿童游戏活动组织与指导方法。（重点）

第一节　学前儿童日常生活活动

学前儿童日常生活

案例导入

幼儿园的一日生活安排

7:30-8:00　入园、晨间检查

幼儿入园后在吃饭前会有晨间检查。在进幼儿园之前，通常会进行晨检，测量体温、检查口腔、询问孩子的身体和情绪。

8:00-8:30　早餐

进入班级后，孩子首先要解决大小便、洗手、喝水等生活问题，然后集体吃早餐。幼儿园每周餐单一般都公布在家长可以看到的显眼的位置。在家里吃过早饭的孩子一般可以在这时候送过来。

9:00-9:50　早操教学活动

吃完饭，在简单的准备整理活动后，就是早操和教学活动时间。每个幼儿园会根据自身教育的特色，会有自己的安排。

9:50-10:30　早间点、户外活动

多数幼儿园一天都实行三餐两点的制度。在喝完牛奶、吃完点心之后，宝宝们就要在老师的带领下到户外运动、做游戏、锻炼身体。

10 : 30–11 : 00　区域游戏

户外活动后，一般会有10分钟的解便、饮水时间，之后便是区域自由活动，这时候基本上是孩子爱玩什么就玩什么。

11 : 00–12 : 10　餐前活动、午餐、餐后散步

游戏活动后，要进行解便、洗手等生活活动，然后让小朋友们安静地坐在座位上玩手指游戏，等待用餐。吃完饭的孩子慢慢都会知道要把碗放在指定的位置，然后擦嘴、洗手。吃完饭后，在午睡前，会有散步。

12 : 10–14 : 00　午睡

宝宝散步、解便后就要午睡。小班老师一般都会将小宝宝的床铺好。中大班的宝宝会自己把床铺好。小朋友开始脱衣服上床睡觉，都躺下后，老师逐一检查宝宝，给宝宝盖好被子、整理好衣物。下午班老师会看管整个午睡过程，照顾那些会蹬被子和需要小便的宝宝。

14 : 00–15 : 00　起床、下午间点、户外活动

午睡起来，又是忙乱的时候，老师开始帮助宝宝穿衣服，带宝宝们小便，洗手，之后会吃点水果、点心。

保证孩子有足够的户外活动时间很重要，可以让孩子进行日光浴和空气浴，户外活动时间，老师带着小朋友们做操、做游戏、玩大型玩具。

15 : 00–16 : 20　生活活动，晚餐

户外活动后照例是宝宝喝水、洗手、上厕所，安静地坐到桌前，吃晚餐。

吃完晚餐后，老师会做宝宝离园前的准备工作，给弄脏衣服的宝宝换上干净的衣服、洗脸、擦润肤露，然后让宝宝安静地坐在椅子上看一会儿动画片等着家长来接。

16 : 30–17 : 00

多数幼儿园都在17 : 00左右开门送孩子离园。

问题探讨

结合上述内容，谈谈你对幼儿园一日生活活动的认识。

案例分析

《幼儿园教育指导纲要（试行）》明确提出：培养幼儿良好的饮食、睡眠、盥洗、排泄等生活习惯和生活自理能力，建立科学的生活常规。从幼儿个体发展的需要来看，良好的生活常规可以使幼儿生活具有合理的节奏，既能使神经系统得到有益的调节，促进身体健康，又能使幼儿积极愉快地参加各种活动，从而受到更为全面的教育，还有利于培养幼儿自我服务的生活能力，为幼儿今后的生活和学习奠定良好的基础。

一、日常生活活动概述

学前儿童的日常生活活动是指幼儿一日活动中的生活环节和一些日常活动，主要包括

入园、饮食、睡眠、盥洗、排泄、整理、散步、自由活动和离园等，日常生活活动是幼儿园课程的组成部分，对幼儿全面发展有重要的促进作用。具有以下特点。

（一）习惯性

日常活动关系到幼儿未来的生活习惯，在幼儿阶段养成良好的行为习惯，以后就能很自然地活动。也正是如此，我们在组织日常生活活动时应该以培养良好的生活习惯为目标。

（二）自在性

要通过组织集体活动，使幼儿学习、适应集体生活、规范生活习惯，又要适应其自在的需要，由自在逐步过渡到适应集体活动。

（三）情感性

在开展日常生活活动时，要保持快乐的心情，虽然可能会遇到困难，但总体要愉快，不要让幼儿忧郁。幼儿在活动的过程中充分体会各种情感。

二、日常生活活动的教育作用

日常生活活动的教育作用体现在：

（1）日常生活活动是完成体育任务，促进幼儿健康发展必不可少的手段。

（2）日常生活活动渗透着幼儿的智育。

（3）幼儿品德广泛地体现在日常生活的待人、接物、处事之中。

（4）幼儿最初的美感、生活美的感受力和表现力是从日常生活开始的。

拓展与思索

教师在组织幼儿盥洗活动时可以对幼儿进行哪些方面的教育？

分析要点：

幼儿盥洗活动可以帮助幼儿养成健康、文明的生活方式与节约用水的良好习惯（健康教育）；在盥洗活动中，幼儿可能会发生一些冲突和纠纷，可对幼儿进行集体生活教育、友爱教育（德育教育）；可丰富幼儿的生活知识和卫生保健知识，让幼儿运用感官感知洗涤用品的性能和用途，在盥洗活动中观察思考问题（智育）；可培养幼儿的自主性、独立性，提高幼儿的自理能力（社会性）等。

三、日常生活活动的内容和要求

（一）入园和离园

入园前，要注意，教师要检查活动室的卫生与安全，准备材料和玩具；接待幼儿和家长时，要按要求进行晨检；要努力培养幼儿保持仪容整洁、有礼貌的习惯，遵守常规；还要学会主动地陈述要求。

离园时，教师要与家长沟通，严格执行接送制度，照顾好不能按时离园的幼儿，简要评价幼儿在园一天的表现，让幼儿在离园时，学会收拾个人用物和检查自己仪容的整洁，离园时要有礼貌地向教师告别。

（二）进餐

教师要努力创设安静整洁、轻松愉快的进餐环境，不要在进餐时批评训斥或催促幼儿进餐，要掌握每个孩子的进食量和进食速度，帮助幼儿养成文明卫生的进餐习惯，学会正确使用餐具，懂得初步的进餐礼仪。

（三）饮水

教师保证足够的清洁的开水，安排集体饮水的时间，允许幼儿随意喝水，指导幼儿讲究饮水卫生，学会使用自己的饮水器皿取水的正确方法，养成会主动喝水的好习惯，不喝生水，少喝冷饮。

（四）盥洗

指导幼儿学会洗手洗脸、刷牙等动作技能，主动洗手、刷牙、漱口、洗脸、洗脚等，养成科学卫生而又便捷合理的盥洗习惯。

（五）排便

教师要保持厕所整洁，懂得照料幼儿排便，建立常规，使幼儿学会使用便器、厕坑和手纸的方法，并会从幼儿的排便中发现疾病的征兆，培养幼儿保持厕所整洁的习惯，养成定时大便的习惯。

（六）睡眠

要保证幼儿有充足的睡眠时间，培养良好的睡眠习惯和自我服务的能力，创设安静卫生的睡眠环境，让幼儿主动遵守寝室常规，有正确的睡眠姿势和习惯，能够自觉保持公共环境的整洁。

（七）散步

教师事先安排好散步地点和沿途的安全卫生状况，引导幼儿观察周围的环境，让幼儿在散步的过程中学会遵守行为规则。

（八）自由活动

教师在确保安全的情况下，为幼儿提供自由活动的时间、地点和充足的玩具材料，充分挖掘和利用自由活动中的教育契机，让幼儿学会与同伴商议、分享、轮流、合作。

四、组织和指导日常生活活动应注意的事项

1. 保教结合

在《幼儿园教师专业标准》中指出：“注重保教结合，培育幼儿良好的意志品质，帮助幼儿形成良好的行为习惯。”教师在具体安排日常生活活动时，要注意一方面要悉心照料幼儿，另一方面要时刻记住日常生活活动的目标，是为了培养幼儿良好的习惯。

要合理安排和组织一日生活的各个环节，将教育灵活地渗透到幼儿一日的生活中去，充分挖掘生活活动中的教育契机，对幼儿进行及时随机的教育。

2. 建立合理的常规

日常生活活动的常规必须符合幼儿身心发展的特点，与各种日常生活活动的内容及幼儿自理能力、行为习惯培养的要求紧密结合，教师一方面要帮助幼儿理解、掌握、熟悉行为规则，另一方面也要注意对幼儿自理能力的培养，帮助幼儿形成良好的习惯。

3. 生活技能的练习

根据幼儿的年龄特点、个别差异和班级的实际情况选用，各种生活技能和动作，可采用分解动作的方法，让幼儿按步骤练习掌握。

第二节　学前教育领域与主题活动

学前教育领域

案例导入

幼儿园主题活动网络图

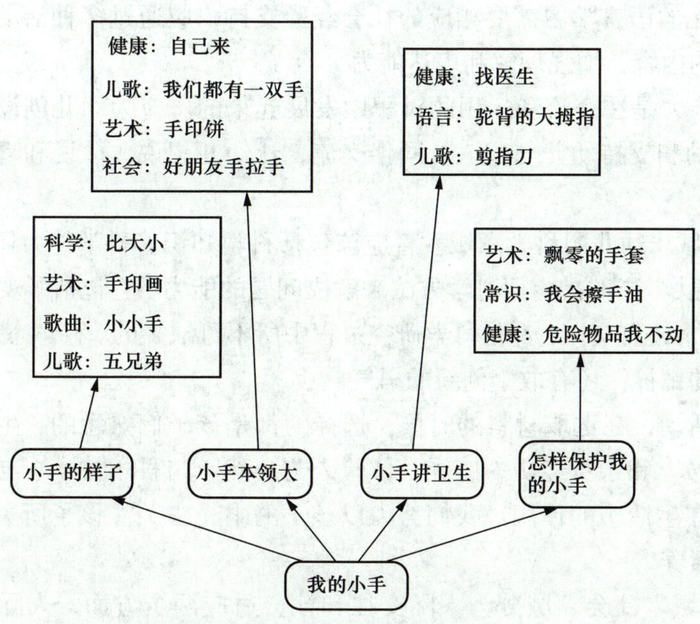

图 6-1　幼儿园主题活动网络设计图——我的小手

问题探讨

仔细观察图 6-1，说说你对该图的认识，谈谈幼儿园主题活动开展的方式。

案例分析

主题活动是在一段时间内，围绕着一个中心内容有组织的集体活动，具有开放性、综合性的特点。一般来讲，一个主题内容可能涉及健康、语言、科学、社会、艺术等多个领域。它以网络图的形式，将各领域的教学目标和内容整合为一体。

一、领域活动

（一）领域活动的内涵

《3～6岁幼儿学习与发展指南》是一个3～6岁学习和发展的指导性文件，反映国家对3～6岁儿童学习与发展的方向与应达水平的合理期望，并体现国家对幼儿教育的发展与质量的基本要求。

学前教育领域活动是按照儿童学习领域划分学前教育内容的一种课程类型，它把学科体系改造为儿童的经验体系。学习领域指的是幼儿园课程教学中的五大领域教学，即语言领域、科学领域、社会领域、艺术领域、健康领域。五大领域教学各有特点和要求，但又是相互联系和渗透的，它们往往又是以主题教学为线，融会贯通，如以“美丽的春天”为主题，可以把语言、科学、艺术等领域教学整合起来，达到教学和促进幼儿发展的目标。

1. 领域的划分

（1）语言领域。语言是交流和思维的工具，幼儿的语言能力是在交流和运用的过程中发展起来的。幼儿的语言学习需要相应的社会经验支持，应通过多种活动扩展幼儿的生活经验，丰富语言的内容，增强理解和表达能力。

幼儿的语言能力是在交流和运用的过程中发展起来的。应为幼儿创设自由、宽松的语言交往环境，鼓励和支持幼儿与成人、同伴交流，让幼儿想说、敢说和喜欢说并能得到积极的回应。

（2）科学领域。幼儿园科学领域教育应该包括科学知识、科学能力还有科学态度这三个因素。“科学能力”指的是应用科学方法来解决问题的能力，它包括了观察、比较、实验、归纳、推论、应用，还有交流，都是科学研究过程中所不可缺少的。科学态度包括了好奇心、探究意识、执着的精神，还有敢于创新的勇气。

我们的科学活动，在选取材料的时候，选择的都是孩子们熟悉的、生活中常见的，强调通过幼儿的“做”和亲身经历，感受、体验人与自然、与科学技术、与环境、与他人的情感和科学技术在生活中的作用。我们努力以孩子的眼光去关注孩子所关注的，在细节中培养孩子的科学素养。

（3）社会领域。社会领域分为人际交往和社会适应两个方面，人际交往与社会适应既可以说是幼儿社会学习与发展的基本途径，也可以说是其基本内容。其核心内容大致包括：交往态度和交往技能，对自我和对他人的认知、态度和行为；对群体、群体生活及群我关系的感受、态度和行为几方面。其价值在于逐步引导幼儿学会共同生活，促进幼儿社会化，形成良好的个性品质，建立和谐的社会（包括人际）关系，形成良好的社会性。

（4）艺术领域。艺术领域是对幼儿进行美育的重要手段，对陶冶孩子的情操、培养孩子的心灵有着极其重要的作用，幼儿园的艺术领域教育内容丰富，是显露孩子个性、爱好、能力的最好途径，幼儿园的小朋友活泼好动、好奇心极重、自我控制能力较弱，如果只是采取简单呆板的教学模式，则难以引起幼儿的兴趣和共鸣，所以在艺术领域的教育活动中，应该让幼儿多听、多讲、多动，以多种丰富的活动为载体，充分调动幼儿学习的积极性，培养他们对艺术的兴趣和爱好。

（5）健康领域。健康领域包括以下内容，即建立良好的师生、同伴关系，让幼儿在集体生活中感到温暖，心情愉快，形成安全感、信赖感；与家长配合，根据幼儿的需要建立科学的生活常规；培养幼儿良好的饮食、睡眠、盥洗、排泄等生活习惯和生活自理能力；教会幼儿爱清洁、讲卫生，注意保持个人和生活场所的整洁和卫生；密切结合幼儿的生活进行安全、营养和保健教育，提高幼儿的自我保护意识和能力；开展丰富多彩的户外游戏和体育活动，培养幼儿参加体育活动的兴趣和习惯，增强体质，提高对环境的适应能力；用幼儿感兴趣的方式发展基本动作，提高动作的协调性、灵活性；在体育活动中，培养幼儿坚强、勇敢、不怕困难的意志品质和主动、乐观、合作的态度。

2. 领域活动的特点

（1）内容的全面性。

（2）经验的系统性。

（3）领域活动强调与儿童生活的联系。

（4）领域活动有较强的渗透性。

（5）领域活动强调促进儿童素质的提高，着眼于终身可持续发展。

（二）领域活动的设计

1. 确定适合本班幼儿实际的领域教育目标

对本班幼儿的发展情况进行分析，结合幼儿园、家庭和教师自身等可利用的教育资源，综合分析出适应幼儿发展阶段并能够真正实现的切合实际的领域活动的教育目标。

2. 撰写本班学期或学年领域活动计划

将确定好的领域活动教育目标按照时间进行分解，逐步具体化到阶段教育目标的确定和具体内容的安排，真正将教育目标落实到每一节课、每一学期、每一学年，充分考虑各种活动领域活动所占比例的平衡性，循序渐进地密切联系儿童生活实际和已有的经验拟定活动课题，适应教师的教和幼儿的学，达到预期的活动目标。

3. 领域活动的组织与指导

教师不是幼儿学习的主导者，而是幼儿学习生活的观察者、研究者和支持者，在具体组织领域活动过程中，要注意全面把握课程目标，有效的计划必须靠实践来检验和实现。在真正组织领域活动的过程中，一方面要考虑按计划执行，另一方面也要注意活动计划的弹性化和活动过程的灵活性。如本应在今天要执行的户外观察柳树叶的活动计划，由于雨天的因素，教师就要灵活处理。

充分发挥领域活动的教育功能，这就要求教师在组织活动之后要善于总结，将今日活动的主题和活动的目标，用幼儿可接受的方式强化出来，使活动的整体教育功能充分发挥出来，达到保教结合、促进幼儿全面发展的目标。

二、主题活动

（一）主题活动概述

主题活动是以某一主题为中心，在一段时间内围绕主题开展的各项活动。其中，可能以某个领域为主，并涉及其他领域。或者几个领域没有主次之分，共同组成主题活动的各个活动。

它打破了学科领域的界限，根据主题的核心内容，确定主题展开的基本线索，再顺着这些基本线索，确定主题的具体内容，并创设相应的教育环境，组织开展一系列的教育教学活动。

理想有的主题活动应该是比较深入的，贴近幼儿的生活，幼儿参与性极强的活动。

（二）主题活动环境的创设

主题活动一般情况下可以穿插安排在领域活动中，当涉及一定主题时，我们就要思考如何突出主题活动，要注意在设计主题活动时，增强环境材料的目的性和环境创设的动态性，利用环境生成主题，建立师生互动式的环境，让幼儿在环境中真实体验主题活动。

（三）主题活动的设计与组织

主题活动里面包含了多个小的知识点，每一个小知识点都可以作为一个独立的小主题进行研究。彼此联系的多个小主题就构成了一张主题活动网。各主题之间可以相互交叉、相互融合。主题网络中的知识点只是一种提示，教师可以有自己的构思。制定主题网络时要考虑到课时量，内容不要过多，也不要过少。一般情况下，很多主题活动都从五大领域的角度进行网络设计。

在具体组织主题活动的过程中，教师要注意与儿童合作探究，尽量多采用游戏的方式，合理整合好可利用的一切资源，让儿童真正地体验主题活动。

拓展阅读

幼儿园中班主题活动方案——筷子

一、活动由来

幼儿从小班升入中班后，开始学习使用筷子。餐具的变化直接引出一些问题，根据我们观察、发现，孩子们在刚接触筷子时，因为不会使用，一方面感到很茫然，但另一方面又对于筷子这个新生事物感到很好奇。为了满足幼儿的好奇心，适应幼儿当前的教育发展需要，我们设计、组织了以“筷子”为主题的活动。

二、主题教育目标

1. 通过观察学习，引导幼儿掌握使用筷子的基本方法。
2. 通过多元的活动途径，掌握筷子的其他用途，发展幼儿的创造潜能。

3. 了解筷子的种类和区别，如不同材质、长短、粗细等。

三、主题网络图

教师根据幼儿的观察兴趣和讨论中所反映出的一些疑问，展开了一系列的探究活动。于是，一个关于“筷子”的主题网络图逐渐形成了。教师预设的用直线表示；幼儿自发生成的用虚线表示；师生共同产生是用虚线和直线表示，如图 6-2 所示。

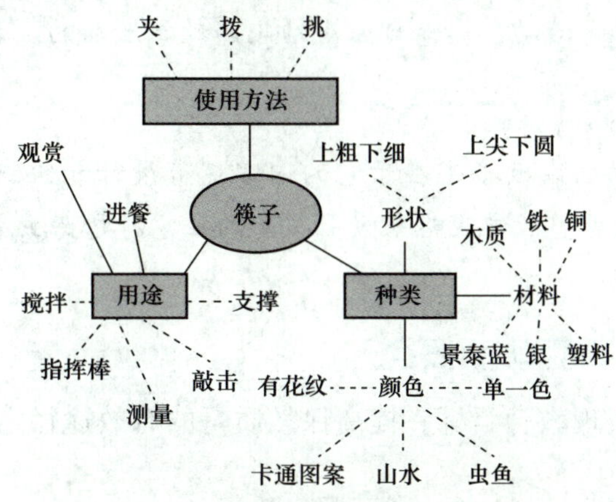

图 6-2　幼儿园主题活动网络图——筷子

四、主题活动的实施

（一）我相信自己也一样行

（二）我们有了许多新发现

（三）筷子游戏真好玩

（四）我来设计一双筷子

第三节　学前儿童教学活动

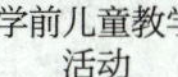

学前儿童教学活动

案例导入

一则教学反思引发的思考

在“哭哭脸和笑笑脸”这节活动中，以听歌曲玩游戏“找朋友”为导入，游戏是幼儿喜爱的活动，在“找朋友”这个游戏中，请幼儿与找到的好朋友互相做鬼脸，体验游戏带来的快乐，将幼儿喜悦的笑脸留下来，引导幼儿说出什么时候是笑脸，而什么时候脸上会呈现哭脸，重点是引导幼儿如何将心情不愉快时的哭脸转换成笑脸。在这部分的教学中，多采用的是讲述法，教学方法较单一，而且和日常生活中的渗透教育相似，新颖性不足，与幼儿相适宜的方法较少，这也是在以后的教学活动中需要改善的。中班幼儿的注意力一般能集中 8 分钟左右，而一节中班的活动时间是 25 分钟左右。要想将幼儿的注意力集中在活动中，老师就需要提出一些新颖的想法，让幼儿感觉老师就像一个魔法师一样，总能变出新奇的东西。幼儿对老师的活动充满期待感，他们自然就会集中注意力，生怕自己走神就错过了精彩的东西。要想达到这样的教学效果，一方面需要老师不断学习，尤其是学会一个问题的多种教育方法，以便适用在不同的幼儿身上；另一方面也需要老师转换说话的方式，尽量将积极向上的能量传递给幼儿。

问题探讨

根据上述学前教育教学活动，谈谈自己对幼儿园教学活动的认识。

案例分析

一次幼儿园教学活动的成败多半在于它的内容环节设计和组织方法，幼儿教师应多注意观察儿童的反应，及时调整教学策略来吸引孩子的注意，更要注意自己言行的示范作用，多传递给孩子们正能量。

一、学前儿童教学活动的概念

幼儿园教育活动是实现教育目标、提高保教质量的有效途径之一，是落实幼儿园教育任务的重要手段。

幼儿园教学活动是幼儿园教育的基本形式，是幼儿园课程的主要实施载体，是教师有目的、有计划地组织和整理幼儿园所提供的环境和材料，通过教师和幼儿双向交流、互相作用的过程，是以促进幼儿身心全面发展为目的的活动。《幼儿园教育指导纲要（试行）》第三部分“组织与实施”第二条指出，幼儿园教学活动是教师以多种形式有目的、有计划地引导幼儿生动、活泼、主动活动的教育过程。因此，幼儿园教学活动是以幼儿为主体，在教师创设的符合幼儿身心发展规律、需要和特点的多种形式的活动中，在与环境材料相互作用的过程中，引发幼儿积极参与，主动探索，大胆表现的活动，是以促进幼儿全面、健康、和谐、整体发展为最终目的的活动。

二、幼儿园教学活动的基本类型

教学活动的对象是幼儿，幼儿是活泼好动的，因此，真正适合幼儿的教育活动的类型也应是灵活多样的。

综合近年来幼儿园教学活动的发展，从结构上来说，幼儿园教育活动可分为五大领域活动和主题活动两部分。五大领域包括：健康领域、语言领域、科学领域、社会领域、艺术领域（包括音乐和美术）。主题活动是在一段时间内，教师和幼儿根据一个主题内容进行的相关的学习和探究，其内容涉及多个领域，具有综合性和系列性。五大领域教学活动强调各学科的内在逻辑关系和系统性；主题活动强调多个领域、多种资源、多种形式的整合性。目前来看，因主题活动具有综合性、整体性、活动性等特点，主题活动已成为幼儿园教学活动的主要形式。

从形式上来说，分为集体活动、小组活动和个别活动。

集体活动，一般是由教师有计划、有目的地组织所有幼儿同时进行的教育活动，它的时间比较集中和固定，组织比较严密。

小组活动，一般指幼儿园的区域活动，在同一时间，幼儿可根据自己的需要自选不同的活动，教师则根据幼儿活动状况，随时进行指导以及与幼儿互动，幼儿在与一定的环境、材料、教师的互动过程中获得不同的发展；小组活动相对比较自由和宽松，教师能够有更多机会关注个别幼儿。

个别活动，一般指针对个别幼儿的特殊需要开展的教育活动，如：针对有特殊才能或特殊需求的幼儿的特殊教育，针对性比较强。

从性质上来说，又可以分为自主生成的教学活动和教师预设的教育活动。这两种形式主要针对教学活动来源而言。一般情况下，幼儿自主生成的教育活动，更能从幼儿自身的需要出发，能关注到幼儿的兴趣点，但计划性和目的性较随意，需要教师具备很强的专业知识和把握教育契机的能力；教师预设活动的目的性和计划性比较强，有充分的准备过程，强调教师的指导与组织能力。

教师应根据幼儿实际情况以及教学现场，将这些类型相互融合，以互相补充，灵活运用。

三、学前儿童教学活动的特点

（一）目的性和计划性

幼儿园教学要从帮助幼儿积累生活的感性经验出发，其内容和途径必须贴近幼儿的实际生活，教学设计必须要针对幼儿生活中出现的问题和幼儿的实际需要；计划性体现为在幼儿园教学中，注重在认识简单的事物和现象中，引导幼儿认识事物之间的关系，强调教师在教学过程中运用幼儿已有的生活经验，并注意通过教学丰富幼儿的有益经验，帮助幼儿学习并适应生活，获得粗浅的知识，使他们的经验和视野得以拓展。

（二）情境性和操作性

教师在组织教学时需要借助一定的游戏或情境，加强幼儿注意的持久性，唤起和调动幼儿有关经验和感受，吸引他们在游戏的假想情境中积极地交往、活跃地想象、主动地表达，在玩中学。

操作性是指在教学中，教师要调动幼儿的多种感官，鼓励他们去看一看、听一听、闻一闻、尝一尝、摸一摸或者摆弄摆弄，以帮助他们在多种活动中更好地认识环境中的事物。

（三）指导性和启发性

幼儿在与物的接触和人的交往中，获得了一些关于数学的感性经验，同时也学会在日常生活中运用这些经验，解决生活中出现的问题。但这些经验往往是零散的、片段的，因此，在具体的活动中教师要给予指导，启发幼儿，帮助幼儿归纳、整理零散和无系统的感性经验。

四、学前儿童教学活动的方法

教学方法是指在具体的教学活动中，教师采用的方法。学前儿童教学活动的方法依据这一阶段儿童的特定生理心理特点，应是多种多样的。常用的方法有以下几种：

（一）游戏法

游戏法是学前儿童教学活动最常使用的方法，它是指教师采用游戏或以游戏的口吻进行教育教学的方法，是深受幼儿欢迎的一种教学方式。应用游戏法进行教学是幼儿园教学最显著的特点之一。游戏是幼儿最喜爱的活动。在游戏活动中，幼儿注意力集中，兴趣浓厚，能充分发挥他们的积极性和主动性，因而容易获得良好的教育效果。

在运用游戏法的过程中，首先要注意根据不同的教育目的、教学内容，选择和创编不同形式的游戏，以完成教学任务；其次，教师要重点指导幼儿遵守游戏的规则，完成既定的教学要求；最后，在组织游戏活动时，教师的指导方法也要依据游戏的内容和形式有所变化。

（二）操作法

操作法是学前儿童按照一定要求和程序通过自身实践活动进行学习的方法。儿童的发展是通过自身的活动进行的。这种方法符合儿童好动的天性。

在具体运用操作法的过程中，注意一方面要提供适合每个儿童认知水平和技能的操作材料，使儿童明确操作的目的，启发儿童操作的积极性；另一方面要教给儿童操作的基本方法和步骤，鼓励他们敢于动手，大担操作。

（三）观察法

观察法是有预期目的的感知活动，是人类认识世界的重要途径。幼儿观察是幼儿认识自然和社会、取得直接经验的重要途径，幼儿园的各项活动都离不开观察。引导幼儿观察的常用方法有顺序观察法、典型特征观察法、分解观察法、比较观察法、追踪观察法和探索观察法。

在引导幼儿观察时，教师要注意事先做好准备工作，向幼儿提出明确的观察目的，并在观察的过程中应用语言与手势进行指导，观察结束时，要总结幼儿观察的印象，让幼儿将观察到的知识进一步巩固和条理化，同时还应组织幼儿作观察记录，记下他们的感受、体验、发现与认识。

（四）口授法

口授法是指教师通过口头表达的方式向儿童传授知识经验的一种教学方法。主要包括讲述、讲解、提问、谈话和讨论等。

在学前教育阶段，要求教师在运用口授法时，注意语言的生动形象、浅显易懂、简明扼要、富有感情；配合适当的肢体语言帮助幼儿理解。

（五）发现法

发现法指教师在引导幼儿理解概念和原理时，只给他们一些事实和问题，让幼儿积极思考，独立探究，自行发现并掌握相应原理和结论的一种方法。

发现法容易引起幼儿的兴趣和内部学习动机，有益于幼儿的主动性、积极性的发挥，还能丰富、扩大幼儿的知识经验，且易于记忆、迁移和运用。

在运用发现法时，要为幼儿创设良好的学习环境和物质条件，提供充分的活动时间，选择的内容要符合幼儿的认知水平，对发现要多表扬或赏识，鼓励幼儿积极提问，大胆探索。

学前儿童游戏活动

第四节　学前儿童游戏活动

案例导入

谁掌握游戏的选择权？

一日雨过天晴，我带孩子们到户外做游戏。绝大部分幼儿都非常感兴趣，跟着我兴致勃勃地玩耍。可多多和依依却不跟小朋友们玩，跑到草地上不知在干什么。看到她们乱跑，不认真跟着我们做游戏，我非常生气。我于是走过去气愤地说："你们两个不认真，快回来！"她俩头也不抬，说："我们在看闪闪发光的小水珠。"看她们还是不在状态，我又问："为什么不跟着老师做游戏呢？"她俩看了看我，说："不喜欢玩那个，更喜欢看水珠。"我忍着心里的怒火，接着问："小水珠好玩吗？""老师，你看，这些小水珠都是亮晶晶的，用嘴巴一吹，它们就会跳起舞来，可好玩了。"顺着她们的动作一看，确实很美，小水珠在绿色的小草上跳起了欢快的舞蹈。看着她们这么感兴趣，我也不再忍心劝她们回去了，于是，我说："你们好好观察，然后把你们观察到的有趣的事情，告诉老师和小朋友好吗？""好，好！"她们兴奋地回答，高高兴兴地做她们喜欢的事情了。

——引自一则网络论文《尊重幼儿游戏的选择权》

问题探讨

读过上述案例，请谈谈自己对儿童游戏权利的看法。

案例分析

游戏是儿童的基本权利和主要生活方式。我们要正确认识游戏与儿童之间的关系，真正把权利交给儿童。只有这样，游戏的价值才会真正体现出来，儿童才会真正得到快乐和满足。

一、游戏和游戏活动

游戏是儿童在某一固定时空中，遵从一定规则，伴有愉悦情绪，自发、自愿进行的有序活动。游戏活动是指学前儿童通过模仿和想象，有目的、有意识、创造性地反映现实生活的活动。游戏是学前儿童自主、自愿的活动，可以给他们带来无限的乐趣。

按照不同的分类标准，游戏可分可安静游戏和活动性游戏、创造性游戏和有规则游戏、个人游戏和小组及集体游戏、自由游戏和教学游戏等很多种类。由于在学前阶段，对儿童的主要教学方法为游戏和活动法，因此，游戏在学前教育过程中占据着非常重要的位置。

二、游戏活动的特点

（一）趣味性

趣味性是游戏本身的特点，它不同于劳动。没有劳动的物质目的，而是以参加游戏的过程和取得愉快的结果为目的，人们总是在情绪积极时才做游戏，通过游戏活动又获得最大的快乐。所以它是没有负责的活动，是人的一种精神和身体的享乐。

（二）自由性

游戏是幼儿自愿自主的活动，幼儿做游戏是出于自己的兴趣和愿望。由于游戏形式、材料和过程符合幼儿身心发展的要求，孩子们很容易对游戏产生兴趣，主动去参与游戏。在游戏中没有强制性，幼儿可随自己的兴趣和力量进行游戏、停止游戏或变换游戏，从中得到快乐并充分发展。同时，幼儿在沿用前人游戏的过程中不断修改、更新，并创造新游戏。

（三）虚构性

游戏是以模仿现实生活的某一侧面为基础，但又不是照原样模仿，如幼儿可以在游戏中充当他们在真实生活中不可能充当的妈妈、司机、售货员等人物；他们也可以假装成各种动物。总之，幼儿在游戏中的角色、情节和游戏的行为、玩具的材料无疑具有明显的虚构性，幼儿是在这种假想的、虚构的游戏情境中来反映周围的现实生活的。

（四）社会性

游戏活动是人类社会生活的产物，是一种有目的、有意识的社会活动，它受社会生产方式、观念意识、习俗、文化、道德以及自然环境影响，具体表现在游戏的种类、内容、玩法等随历史发展与社会条件的不同而不同，游戏体现了社会文化的差异。

（五）实践性

游戏是非常具体的活动，是一种特殊的实践活动。在游戏中有角色、有动作、有语言、有玩具材料，幼儿在游戏活动中身体力行，实际地练习并发展自身的各种能力，如动作协调能力、言语交往能力、心理活动能力等，并不断地积累有关生活的知识经验，使自己逐渐走向社会。

总之，正是因为具有以上特点，游戏才为幼儿所喜爱，并能有效地促进幼儿的发展。教师只有在实际工作中充分地理解游戏的这些特征，才能指导好游戏，使之发挥最大的教育作用。

三、游戏活动的组织与指导

（一）教师要正确把握角色的定位

幼儿园在游戏的组织与指导过程中，要求幼儿园教师充分发挥其在教育发展中的主导地位。对于此，首先，教师在游戏教学模式中应随时观察幼儿在游戏过程中的表现，并将观察到的结果随时记录下来，进而通过观察结果的总结来组织对幼儿教育更有影响力的活动。其次，在游戏过程中，教师还要在角色游戏中引导幼儿表现出正确的游戏内容，并促使幼儿更好地发散其自身的思维。再次，游戏教学模式的实施要求教师在游戏组织的过程

中应亲自参与到活动中去，进而在游戏中与幼儿形成合作的关系，以便将幼儿园的教育内容更好地融入游戏组织中，最终达到学习中游戏的教学目的。最后，若在游戏组织过程中出现了游戏难以继续的现象，教师应及时介入，对幼儿作出正确的引导。

（二）创设良好的游戏组织和指导环境

在明确教师角色定位的基础上，为了顺利地开展游戏的教学模式，教师也应注意利用幼儿园中的有效资源来为幼儿营造一个良好的游戏组织和指导环境。通过对游戏环境的改善，教师在激发幼儿参与游戏组织的欲望的同时，为游戏组织教育活动的开展打下良好的基础。而对于游戏组织和指导环境的创设可以从两个方面来进行：

第一，要从物理环境入手，为幼儿构建一个良好的室内和室外的游戏场所，并要求在构建的过程中，要确保环境的营造符合幼儿身心健康的发展。

第二，要注意采取相应的措施为幼儿营造一个轻松精神环境，例如，教师在班级管理的过程中，要树立一个良好的班级风气，进而达到为幼儿营造一个良好的心理环境的目的。

此外，在幼儿教学中，教师也应引导幼儿处理好与其他幼儿之间的关系，进而促使幼儿在游戏组织中能通过与同伴的合作更好地融入游戏活动中去。

（三）合理安排，为幼儿提供充足的游戏时间

幼儿园游戏组织与指导策略的实施最为重要的就是要求教师在课程安排的过程中要合理规划幼儿游戏的时间。同时确保在游戏的时间内，幼儿可以自由地活动、玩耍。对于此，教师可利用晨间活动等零散的时间来组织幼儿进行游戏活动，并且在游戏的活动期间，教师要确保对游戏内容的掌握，以便使开展的游戏符合幼儿的需求。例如，对于年龄较小的幼儿，可以选择丢手绢等较为简单的游戏。而在年龄较大的幼儿教育中可以提高游戏的难度与复杂性，以便在游戏组织中更好地锻炼幼儿的思维能力和自主动手能力等。此外，在确保游戏内容符合不同年龄幼儿需求的同时，还要掌握好游戏的时间，从而避免幼儿只沉浸在游戏活动中而忽视了在游戏中的学习。

思考与练习

1. 简述幼儿园一日生活活动特点。
2. 解释日常生活活动的教育作用。
3. 举例说明日常生活活动的内容和具体要求。
4. 简述组织和指导日常生活活动应注意的事项。
5. 举例说明学前教育领域活动的特点。
6. 简述学前教育领域活动设计的方法。
7. 解释学前儿童教学活动的特点。
8. 简述学前儿童教学活动的方法。
9. 简述学前儿童游戏活动的特点。
10. 简述学前儿童游戏活动组织与指导方法。

第七章 学前教育评价

学习导航

1. 理解学前教育评价的概念；
2. 了解学前教育学评价的分类以及在实际中的应用；
3. 理解学前教育评价的功能及作用；（重点）
4. 了解学前教育评价的实施过程，能将其应用于实践。（难点）

第一节 学前教育评价概述

案例导入

老师给的小红花

小明就读于××幼儿园的向日葵一班。有一天，老师发了一朵小红花给小明。晚上回家，妈妈问小明："老师为什么给你一朵小红花呀？"小明自豪地说："因为表现得好啊！""那你在哪方面表现好了？"妈妈继续问，小明耸耸肩，一脸茫然地回答："不知道啊！"

问题探讨

小红花是教师评价幼儿的正向鼓励吗？教师评价的标准是什么？除了教师对幼儿的评价，还有其他的评价吗？

案例分析

教师对孩子的评价要具体明确，要有一定的标准，因人而异。学前教育的评价包括很多内容和类型。除了教师评价幼儿外，还有多个主体对教师的评价、对幼儿园的评价等。

一、学前教育评价的概念

评价，指的是评定价值，是价值判断的过程。而教育评价至今还未形成确切的、严谨的科学定义。教育评价是评定教育的价值，是对教育的价值作出判断的过程，旨在更好地促进教育改革，提高教育质量。

学前教育评价是对学前教育的社会价值作出判断的过程，其范围是所有学前教育现象，并对其改革与发展予以指导。包括幼儿学习与发展评价、学前教师及教育工作评价、学前教育质量评价等。

（一）教育测量、教育评估与教育评价

教育测量、教育评估与教育评价三者有着密切的联系，但我们并不能将三者混为一谈。在进行学前教育评价的学习之前，我们需要将三者区分开来。

教育测量是对个体的某一属性进行事实判断并赋予一定意义的数值的过程。比如我们无法看出幼儿有多少“智力”，我们要知道幼儿的智力发展情况如何，就必须要通过一系列的规则来评判，比如给智力下定义、编制智力测验的题目，给出幼儿测试所得的分数，而最后的数值就说明了幼儿的智力发展水平。这个测试并分配数值的过程，我们称之为教育测量。教育测量一般是为教育评价打基础，既可以包含在教育评价之中，也可以作为教育评价的开始。

教育评估通常被看成是教育评价的同义词，但是二者有着细微的区别。评估通常用于严格和精确程度低一些的模糊评判，其中多含有估计、推测的含义；而评价则可以代表绝对的、准确的价值判断。

二、学前教育评价的分类

（一）按照评价的范围分类

1. 宏观评价

宏观评价是指以学前教育的全部领域及涉及宏观决策方面的学前教育现象、问题为对象所进行的评价。例如，对我国现行的教育制度改革与发展的宏观调控的评价；再如，对学前教育哲学流派的评价、对学前教育目标等方面的评价。

2. 中观评价

中观评价是以幼儿园、托儿所及其他的学前教育机构内部工作为对象进行的评价。例如，对办学水平、办学条件、领导班子、师资队伍、保健工作、思想政治工作、后勤工作、家园联系工作等的评价。

3. 微观评价

微观评价是以幼儿发展的某一方面（个体的单一属性）为对象进行的评价。例如，对儿童发展的语言、健康、智力、社会性等方面的评价。

（二）按照评价的基准分类

1. 相对评价

相对评价是在被评价的对象的集合中选取一个或几个对象作为基准，然后将各个评价对象与基准对象进行比较的评价方法。例如，我们想评价一次教育活动，而目前又没有一个教育活动评价的客观参考标准，如果大家一致认为某一名教师的教育活动组织得很好，那我们就可以把其他教师组织的同类教学活动与之对比，而这名教师的教育活动就作为一个参考的基准对象，接近或超过她的，我们就可以给出一个好的相对评价。

2. 绝对评价

绝对评价是在所有被评价的对象集合之外，确立一个标准，称为客观标准，再将各个评价对象与这个客观标准进行比较的评价方法。例如，对幼儿园评星定级，标准都是客观的，所有被评定的幼儿园都要与这个标准进行对照，这里所采用的就是绝对评价的评价方法。

3. 个体内差异评价

个体内差异评价是把被评价对象集合中的各个对象的过去和现在相比较，或者某个对象的几个侧面进行相互比较。例如，一个幼儿园从前幼师的本科毕业生人数达到20%，而现在幼师的本科毕业生人数达到了50%，那我们就说这个幼儿园的师资队伍水平提高了很多。但如果同一地区其他幼儿园在同时间内提高到了80%，那这个幼儿园的师资队伍建设我们也不能说它提高得很快。由此可见，虽然个体内差异评价照顾到了个体之间的差异，但是若采取这种方式进行评价，而不与客观标准或其他被评价者相比较，也容易使被评价者走入自我满足的误区。

（三）按照评价的主体分类

1. 自我评价

自我评价就是评价者对自己进行的评价。自我评价易于进行，每天、每周、每学期都可以，但是缺乏客观的参考标准，容易造成对问题分析不准确的后果。

2. 他人评价

他人评价是指除了被评价者自身以外的任何组织或他人对该对象所进行的评价。例如，幼儿教师之间的相互评价、园长对幼儿教师的评价等，都属于他人评价的评价方式。

（四）按照评价的功能分类

1. 诊断性评价

诊断性评价是在计划或方案开始之前进行的预测性的、摸底性的评价，又称为“事先的评价”。在学前教育中，诊断性评价是为了全面了解对象的情况，选择适当的学前教育计划或者方案。

2. 形成性评价

形成性评价是指在某项学前教育计划或者方案实施的过程中进行的评价，又被称为“即时评价”。这种评价也使评价工作始终处于一个动态之中。

3. 总结性评价

总结性评价是指在某项学前教育计划或方案结束后对最终结果进行的评价，又被称为“事后的评价”。以预先设定的教育目标为基准，对学前教育计划或方案达到目标的程度和目标之间的距离进行评价。

三、学前教育评价的功能

学前教育评价的功能及作用

（一）诊断功能

诊断功能是学前教育的主要功能。通过学前教育评价，我们可以发现教育工作中存在的问题，对问题产生的原因进行分析，找出问题所在，并为改进工作提供有力支持。

（二）鉴定功能

通过学前教育评价，人们可以对学前教育运行状态及效果作出比较准确的描述和判断，并为被评价对象日后的发展提供依据，促进学前教育工作的全面发展。

（三）导向功能

学前教育评价的标准本身就是以教育目标为依据，因此，这种具有明确方向性和目的性的评价标准可以成为幼教工作者的行为导向目标。

四、学前教育评价的作用

1. 有利于保障学前教育目标的顺利实现

学前教育评价体系就是将学前教育目标进行分析和具体化的途径之一，通过对学前教育评价指标体系各指标的完成情况的了解，发现被评价的对象和目标之间的差距，从而更好地解决学前教育中存在的问题，使学前教育朝着既定的目标前进。

2. 有利于促进幼儿园整体工作更加优化

通过对幼儿园的师资力量、领导、教育目标、管理等的评价，可以更好地促进幼儿园工作的整体优化，根据现状和目标，提高教育质量。

3. 有利于学前教育改革的顺利进行

我国的国情要求我们不断对学前教育进行改革，而学前教育评价则是更有力的改革条件保障。在改革方案进行之前，我们必须进行可行性的学前教育评价。

第二节　学前教育评价实施方法和步骤

案例导入

辽宁省示范性幼儿园标准（试行）（2015）

为全面贯彻实施国务院办公厅转发教育部等部门《关于幼儿教育改革与发展指导意见》和《幼儿园教育指导纲要（试行）》，尽快提高我省幼儿园办园水平和保教质量，建设好一批示范性幼儿园，特制定本标准。

一、办园指导思想

（1）模范的贯彻执行幼儿教育的方针和政策，坚持正确的办园方向，管理严格。

（2）幼儿教育改革较深入，办园有特色，逐年有发展和提高。

（3）严格按照《纲要》精神开展保育教育活动；使用经省教材审定委员会审定通过的教材。

二、领导班子、教职工队伍建设

（1）领导班子成员具有较高的政治素质、决策水平及较强的业务素质和科学管理经验；热爱幼儿教育事业，为人师表，忠于职守；思想作风正派，团结、实干，有较强的凝聚力和组织协调、培训教师、指导教科研等方面的能力。

（2）班子成员具有学前教育大专或大专以上学历，并取得岗位培训合格证书。

（3）园长具有较强的业务素质和科学管理经验，能经常参与教、保育教育的研究，指导教育教学工作，成为专家型园长。

（4）幼儿园按规模和情况，配备正、副园长 2～3 人。

（5）全体教师具有中幼师以上学历和任职资格证书。

（6）教职工具有较高的政治和业务素质、良好的职业道德及健康的心理。

（7）建立了教师管理和激励机制，教师依法执教的积极性得以充分发挥。

（8）严格按幼儿园编制标准，控制教师与幼儿比例。

三、保育和教育工作

（1）坚持“为幼儿终身发展奠定基础”和“以人为本”的教育思想，积极传播科学的教育理念，面向全体幼儿，注重幼儿个性发展，开拓性的开展保育教育工作，成绩显著。

（2）较好地贯彻落实了《幼儿园教育指导纲要》，积极进行教育教学改革，各种教育手段交互作用，体现了幼儿教育的整合性，较好地克服了小学化倾向，使幼儿体、智、德、美全面发展。

（3）全园有明确的教育目标和幼儿发展目标。

（4）创设与教育活动相适应的物质和精神环境，师生关系民主平等。

（5）幼儿园教科研活动成果显著，并定期组织示范性、研究性的观摩活动，并向各类幼儿园开放，有记录和资料。

（6）建立城区示范园与乡镇中心幼儿园手拉手，开展对口支援帮扶活动，定期送教下乡并有活动记录。

（7）尊重幼儿人格，无虐待、体罚和变相体罚等损害幼儿身心健康和违背幼儿生理、心理的行为和现象。

（8）认真执行《托儿所、幼儿园卫生保健制度》和《食品卫生法》等有关规定，幼儿一日生活安排得科学、合理。

（9）建立了幼儿健康检查制度和幼儿身体发育状况评价档案，对幼儿坚持晨检与全日观察相结合，及时了解幼儿身体健康状况，做到有记录、有解决问题的措施。

（10）卫生消毒和隔离制度健全。

（11）有严格的伙食管理制度，幼儿食品安全卫生。

（12）强化幼儿园安全工作，建立由幼儿园园长负总责的幼儿园安全工作责任制。

四、行政管理工作

（1）幼儿园实行目标管理。

（2）幼儿园实行园长负责制。

（3）幼儿园条件不断改善，基本满足保育教育和儿童入园的需求。

五、办园条件

（1）园舍建筑符合幼儿身心发展特点及卫生要求，周围环境无危险、无污染（含空气、水污染）。

（2）幼儿园绿地面积达到40%以上（含立体绿化面积）；幼儿有环境保护意识，幼儿园成为“绿色幼儿园”。

（3）幼儿园基本设施符合《幼儿园管理条例》和《幼儿园工作规程》的要求。

（4）幼儿园活动室面积达到120平方米，室内采光好、空气流通。

（5）全园有电脑办公管理系统和电教设备。

（6）保健室按规定备有器械柜、体重秤、听诊器、儿童视力表、紫外线灯等常用体检器具。

（7）厨房有蒸箱、烤炉、和面机、绞馅机、冰柜、消毒柜和数量充足的幼儿餐具。

六、家长与社区工作

（1）建立幼儿园与家长联系制度。

（2）充分利用社区教育资源及各种活动场馆，扩大幼儿园教育教学活动领域，丰富幼儿社会情感。

问题探讨

阅读以上幼儿园办园水平评定标准，谈谈你的感想。

案例分析

《辽宁省示范性幼儿园标准》的出台，代表着当地幼儿园办园越来越趋于规范化。这种等级评定不是终身制，全省各地每年组织一次评估定级，需要经幼儿园自评、各市评估、专家组评定。

一、学前教育评价实施方法

（一）观察法

观察法是学前教育评价中最为常见的一种方法，是针对客观的资料（如特定的表现或行动）收集信息而进行评价的一种方法。

（二）访谈法

访谈法是一种口头调查法，是访谈者通过口头谈话的方式从受访者处搜集到第一手资料的方法。

在访谈之前，访谈者应该明确访谈的目的、选择访谈的对象、选择访谈的类型并编制访谈提纲，同时应该注意访谈中的一些细节问题，如是否需要录音、访谈人员是否合作等，充分做好访谈的准备。

（三）问卷法

相对于访谈法，问卷法是一种书面调查法，调查者将想要调查的项目编程问题，以书面的形式分发给被调查者，通过对收集上来的一定数量的被调查者所填写的问卷进行统计、分析、整理，从而进行学前教育评价。

（四）测验法

教育测验与教育评价总是紧密地联系在一起，通过教育测量的理论编制出一定标准的量表，对评价对象进行测量，从而进行教育评价的一种方法。例如幼儿园想要对前来应聘的教师进行面试，既安排了笔试又安排了面试，这就是一种类型的测验法。

（五）档案袋法

档案袋法是近年来学前教育评价中越来越常用的一种方法，通过将被评价者的一些有代表性的作品放入档案中，并对档案袋中的作品进行整理，向他人展示、证明自己，在学前教育中，通常用于测量幼儿的发展水平、学习进展与进步，从而达到学前教育评价的目的。虽然档案袋法较为真实、生动，但是如果缺乏甄选的过程、客观的分析与判断，档案袋也很容易变成垃圾袋，无法客观真实地反映学前教育评价的结果。

二、学前教育评价步骤

（一）准备阶段

1. 确定评价目的

我们在进行评价之前，应该先确定评价的目的。如为什么评价、由谁来评价、评价什么。

为什么评价，即思考评价的目的是什么，是找出教育活动中存在的问题，改进教育工作，还是评定教育类型，或是评定幼儿发展情况。根据评价的目的不同，评价的内容、形式也有很大区别。

由谁来评价，即谁是评价的组织者。我国有教育的督导机构，学前教育也有专门的评价组织。

评价什么，即确定评价的具体内容和对象。是对幼儿园的办学水平进行评价，还是对幼儿园的课程模式进行评价。明确了评价的内容和对象，才能更好地开展剩余的步骤。

2. 设计评价方案

评价方案是指教育评价活动的结构和计划，是评价者实施评价工作的指南，更是整个评价工作中技术性最强的一个环节。

（1）明确评价目标和标准。在设计评价方案之前，我们应该确定目标制定的依据。例如，评价幼儿园工作，我们应该依据《幼儿园工作规程》所提出的保教目标制定我们评价方案中的目标。

评价标准也是开展评价工作的基础。根据评价指标体系的制定、教育目标、管理目标等，制定相应的指标，最终获得相应的分数或者等级。

（2）确定评价资料收集的方法和步骤。在设计评价方案中，有一个重要环节就是评价资料的收集方法，例如观察法、访谈法、表格调查等。

（二）实施阶段

1. 宣传

宣传的主要目的就是通过多种宣传方法统一评价者和被评价者的思想，使参与的相关人员有一个好心态，不产生抵触情绪，使得评价可以顺利进行。

2. 收集评价资料

收集评价资料是评价过程中最费时的一个环节，这一环节要求评价者具有良好的工作态度和耐心。

3. 整理评价资料

（三）反馈阶段

教育评价的最终目的就是促进教育改革，提高教育质量，所以，对于评价的结果，我们必须做好反馈工作，将结果提供给被评单位、教育机构或者个人。

思考与练习

1. 简述学前教育评价的概念。
2. 简述学前教育评价的分类。
3. 简述学前教育评价的功能及作用，并举例说明。
4. 学前教育评价的实施过程是什么？

第八章　学前教育与家庭

学前教育与家庭

学习导航

1. 理解家庭教育的性质和特点；（重点、难点）
2. 了解影响家庭教育的诸种因素；
3. 熟知家园合作以及实践家园合作的方法。（重点）

第一节　家庭教育的性质和特点

案例导入

《海底总动员》

请观看由皮克斯动画工作室制作，并于2003年由华特迪士尼发行的美国电脑动画电影——《海底总动员》。这部电影的故事和剧本是由安德鲁·史丹顿编写的，导演则是史丹顿和李·安克里治。故事主要叙述一只过度保护儿子的小丑鱼玛林和它在路上碰到的蓝唐王鱼多莉两人一同在汪洋大海中寻找玛林失去的儿子尼莫的奇幻经历。在路途中，玛林渐渐了解到它必须要勇于冒险以及它的儿子已经有能力照顾自己了。

问题探讨

观看完影片后，请谈谈自己对家庭教育的理解。

案例分析

迪士尼公司出品的《海底总动员》很值得学习。这是单亲家庭的较好案例，更明确地说，讲述的是父亲一人独自抚养儿子成长的故事，这很少能在电影中见到。故事一开始，尼莫（Nemo）的父亲，即所谓的直升机父母，过分关注孩子生活、不给予他任何自由。我认为这部电影向我们道明了这种类型的父母并不好，也并非能未雨绸缪。这部电影展示出尼莫的信心，也反映了一种科学合理的家庭教育方式。

苏霍姆林斯基认为，没有家庭教育的学校教育和没有学校教育的家庭教育都不可能完成培养人这样一个极其细微的任务。良好的学校教育要建立在良好家庭道德的基础上，而家庭教育是一门培养人的科学。家庭教育是人类的一种教育实践，是在家庭互动过程中父母对子女的生长发展所产生的教育影响。广义的家庭教育既包括家长对子女的教育，又包括子女对家长的教育，甚至包括双亲之间、子女与子女之间、子女与祖辈之间相互产生的教育影响。狭义的家庭教育主要指父母对子女所形成的影响。

一、家庭教育的性质

家庭教育是教育的主要形式之一，它与学校教育和社会教育一起共同构成了促进儿童健康成长的完整教育体系。从严格意义上来讲，家庭教育的性质是指家庭教育的本质，是家庭教育所具有的区别于其他教育形式的根本属性。从家庭的组织特点以及家庭教育的内涵出发，家庭教育的性质有以下几方面。

（一）家庭教育是以血缘为纽带的教育

家庭教育是发生在家庭之中的教育，家庭是家庭教育得以存在的前提和基础，而家庭是以一定血缘关系为纽带构成的社会组织。从这一点出发，家庭教育是彼此有着血缘关系的人之间的教育与被教育的行为，并且是自然而然形成的。这种教育是家长所担负的义不容辞的责任和义务，并充满着人世间最无私的爱和最亲密、最真挚的骨肉之情，是一种最无私的教育。这是家庭教育区别于学校教育和社会教育的一个最本质的属性。无论是公益性的，还是营利性的学校教育和社会教育机构，它们的宗旨都是为社会提供教育服务。在这些教育机构中，受教育者和教育者是以社会契约为纽带，他们之间仅仅是教育与被教育的关系，并且是人为形成的关系，并不存在亲情和血缘关系。这种情况下所建立的教师和学生的关系并非是绝对稳定的、持久的存在，而是一种阶段性甚至是临时性的过程，它会随着某一阶段教育任务的完成，或者双方社会地位和角色的变化而随时发生分裂和终结。由于家庭教育以血缘为纽带，家庭成员之间的亲情关系具有不可磨灭性，只要存在这一关系联结，那么家庭教育就会持久地运行和存在。

（二）家庭教育是教与养一体的教育

家庭是一个复杂的社会团体，其具有多样化的功能和价值。教育是它的职能，但并不是唯一的职能，家庭还担负着抚养和赡养等责任。抚养是家长或其他长辈对幼儿的抚育培养，赡养则是晚辈对长辈的供养和照顾。这种功能是家庭代际关系中一种双向的义务和责任。在这里我们主要考察父母对子女的抚养这一功能。人类个体的成熟和发展需要经历一个长期的历程。在发展早期，个体没有独立生存的能力，必须依赖父母的抚养和照顾。与此同时，在生理上、感情上也需要父母的精心呵护。当子女尚未获得独立生活能力的时候，父母负有抚养他们的责任，提供其健康成长所需要的住所、食物以及情感的慰藉等，否则他们就无法生存，人类也就不能延续。这是家庭教育的一项重要职能。正因如此，家庭教育是在父母对子女的抚养过程中实现的，并贯穿于整个抚养过程的始终。可以说，家庭教育是一种寓教于养、教养结合的教育形式。这也是家庭教育区别于学校教育和社会教育的一个鲜明的属性。

（三）家庭教育是一种非正式的教育

根据教育活动实施的组织形态，可以将教育分为两种类型：一种是结构组织健全严密的正式教育，另一种是结构组织松散的非正式教育。学校教育和社会教育是典型的正式教育，而家庭教育则是一种非正式教育。家庭教育的非正式性主要表现在教育者的教育水平、培养目标的制定以及教育内容的选择等方面。学校教育和社会教育有专门的组织机构，教育人员都接受过专门的、系统的职业训练，是具有一定教育工作能力的专业教育工作者，社会所赋予他们的唯一任务和全部工作就是培养教育学生。而大多数的家长都从事着非教育类的职业，他们一般没有接受过系统的专业训练，属于非专业教育者，与教师相比，缺乏完善的教育理论修养和知识储备。学校教育是目的性、系统性和组织性极强的教育形式，其具有明确的培养目标，而且培养目标必须由国家指定，体现国家意志，任何人都不得随意更改。所有的教育活动都必须围绕培养目标展开，家庭教育虽然不可避免地受到社会变迁与时代更替的影响和制约，但在教育目标的制定上，与学校教育有很大的区别。它在很大程度上取决于家长。父母在目标的制定和选择上具有很大的主动权，教育目标往往体现着父母的教育观念和价值追求。学校教育的内容是有计划的，有明确的课程安排和教学大纲，教师要讲授系统的科学知识。而家庭教育一般没有计划，也没有系统的、稳定的教育内容，教育内容具有很强的随意性，往往寓于日常生活之中。

二、家庭教育的特点

家庭教育作为一种教育形式，与社会教育、学校教育共同起着教育儿童的作用。但是由于家庭与社会、学校的性质和结构不同，家庭教育又有别于学校教育和社会教育的典型特征。这正是家庭教育、社会教育、学校教育三种教育形态既相互依存又相对独立关系的体现，家庭教育对子女的影响不仅广泛，而且其影响内容和形式远比学校教育、社会教育更特殊。家庭教育不只存在有目的、有意识的影响，更主要的是无意识的、潜移默化的影响。

（一）家庭教育的启蒙性

家庭是社会的基本细胞，是新生一代成长的摇篮。父母是孩子的第一任教师，是启蒙教育的引路人。家庭是儿童成长的第一个环境，也是亲子关系建立与发展的基础。家庭对儿童的早期教育是伴随着深厚的母爱和细微的关注进行的，是其他任何教育所不能替代的。个体从孕育的那一刻起，就在母体中接受着影响和教育，这就是当下流行并日益被重视的“胎教”。胎教主要指准妈妈为了胎儿的健康发育，通过调控自我身心健康，为胎儿提供一个良好的内外生长环境，适当地刺激成长到一定时期的胎儿，从而促进胎儿的健康发育，改善胎儿素质的科学教育方法。胎教是母亲和家庭对幼儿施加的最早的教育和影响。当幼儿出生后，他所接触到的第一个环境便是家庭，家庭是幼儿成长的初始环境。幼儿自一出生，就受到家庭成员、家庭环境、家庭文化氛围的熏陶和影响，幼儿对外部世界的认识和理解，性格、态度、品德的形成，行为习惯的养成以及智力潜能的开发都是以家庭教育为起点的。而且家庭教育对幼儿成长和发展的影响具有长效性和稳固性，即便是长大成人后，他的一些言行或处事风格等还会表现出家庭教育的印记。在幼儿整个人生成长历程中，家庭教育无疑是最具启蒙性和基础性的，这一点是其他教育所无法比拟的，学校教育只是在家庭教育的起点上进一步延续和深化，而广泛多样的社会教育也是在此基础上的扩大和补充。

（二）家庭教育的终身性

任何家庭中的教育都不是对其子女的某一个阶段负责，而是对子女的终身负责，家庭教育不是一时的或短期的行为，而是一个连续的、持久的、终身的行为。由于家庭成员之间固有的血缘关系，使得家庭成员之间形成了不可分割的亲情纽带，尤其是父母与子女之间更是保持着不可改变和不可磨灭的血缘关系和情感纽带。这种关系的存在保证了家庭关系的稳固性，而家庭的稳固是家庭教育的前提和保障。一个人从出生到长大成人，直至走上独立生活的道路，其都生活在一个较为稳定的家庭环境中，都无时无刻不在接受着家庭的教育和影响。这种教育是在有意或无意、自觉或不自觉、直接或间接之中进行的，不论以何种方式、在何时进行教育，家长都以其自身的言行随时随地地、连续地影响着子女一生的成长。良好的家庭教育，可使孩子受益终生。父母对子女的关心和呵护是没有时间期限的。无论何时，父母都会本着对子女负责的态度，对其做人做事进行教育，而这种教诲将对子女的一生产生深远的影响。即使子女长大成人，成家立业，事业有成，但由于父母与子女之间的血缘关系，以及子女出于对长辈的尊敬和爱戴，父母对子女的教育仍能产生巨大的力量。而学校教育只是儿童漫长成长道路上的一个阶段性的教育，教师对学生教育更多是出于社会的要求和职业使命。当学生毕业离校后，学校就不再担负对学生的直接教育任务，家庭教育则是终身性的教育，家长永远是子女的老师。

（三）家庭教育的权威性

权威是以意志服从为核心的社会关系表征。家庭教育的权威性是指父母或长辈在对子女进行教育时所表现出来的权威和威信。家长是家庭生活的领导者和组织者，是家庭生活的支柱，是子女生存和生活的依靠者，子女在身心方面各种需求的满足都不得不依赖于家长。与此同时，家长经历长时期的社会生活实践磨练，具有较深的阅历和丰富的处理家庭内外事务的经验，这些使得家长在子女心中拥有至高无上的地位。他们十分敬重家长，乐于获得家长的表扬，能自觉服从家长的管教，这就决定了家长在子女心目中享有崇高的威望和威信。然而，家庭教育权威的长久维持需要家长时时处处以身作则，严格要求自己，为孩子树立学习的榜样，同时要关心、呵护和理解子女，进而形成子女对家长的信赖和依恋。家长必须严于律己，以身作则，方能树立起权威，从而更好地对子女进行教育。家长权威是家庭教育成果的重要前提，家庭教育的成效很大程度上取决于父母权威树立的水平和程度。但是父母必须树立科学性与合理性的权威，这样的权威是建立在尊重子女独立人格基础上的，而绝不是建立在“封建家长制”上的。明智的父母懂得树立权威的重要性及权威的家族取向，懂得权威的树立不是靠压制、强求、主观臆断，而是采用刚柔并济的方法。

（四）家庭教育的继承性

家庭教育尽管在理念上与社会的整体教育思想和理念有所呼应，但在实践中，家庭教育往往是在一种随机性和模糊性的状态下进行的。它没有社会教育和学校教育那样明了清晰，每个家庭都有自己的教育风格，这些教育风格形成了每一个家庭教育的特色和传统，并逐渐内化为家庭成员的精神追求和行为处事的标准，并被世世代代传承下来。简单而言，人们在家庭中受祖辈影响而成人，也常常用同样的教育内容和方法去教育自己的后代，这就是家庭教育的继承性。家庭教育继承性突出表现在“家风”上。所谓家风是指一个家庭在代代繁衍过程中，逐步形成的较为稳定的生活作风、生活方式、传统习惯、家庭道德规范，以及待人接物、为人处世之道等，其核心内容是指一个家庭的思想意识方面的传统。如何将真善美的家风传给下一代是家庭教育的一项重要内容，父母总是在潜移默化中运用家风对子女进行影响和教育。居于下一代家庭核心的当家夫妇，成家之前，对本家家风早已耳濡目染，甚至还或多或少地运用其指导过自己的行为。成家之后，夫妇双方可就各自的家风进行分析比较，取长补短，融会贯通。我们应该重视家庭教育的继承性，利用好、传承好、改造好我们的家风。一方面，充分发挥家风在子女教育中的独特优势，促进子女的健康成长；另一方面，通过家庭教育使良好的家风一代代传递给后代，使后代人得以继承和发扬光大。

影响家庭教育的诸因素

第二节　影响家庭教育的诸因素

案例导入

父母对孩子的不良影响

一些父母将居室布置得漂亮干净，可却忽略了小家庭的精神环境。他们自觉或不自觉地制造精神垃圾，侵蚀、毒害孩子纯洁的心灵，严重影响孩子的身心健康成长。

一、粗俗的语言

一些父母在家里不讲究语言文明，夫妻间经常出言不逊，言语粗俗，对孩子骂不绝口。这些粗俗的语言像病毒一样毒害着孩子纯洁的心灵。

二、暴躁的脾气

在家庭生活中，孩子常是父母坏脾气和坏性格的主要受害者，被父母的大发雷霆吓得胆战心惊。父母这种反常的心理状态，对长期生活、成长在自己身边的子女影响甚深。

三、夫妻关系不融洽

如果夫妻间感情不融洽，关系紧张，势必危害孩子的身心健康。

四、不良习惯

父母懒散、贪睡、不讲卫生，孩子看在眼里，记在心里，学到身上。

五、不良嗜好

如酗酒、赌博，孩子生活在赌徒的身边，学习、品德大多不可避免受到影响。另外，还有的父母喜欢吹牛、撒谎、自私、好占小便宜等，这些都躲不过孩子的眼睛和耳朵。

问题探讨

结合上述内容，说说自己对这一问题的看法。

案例分析

父母的一言一行，无论是美丑善恶、高尚卑俗，都会深深地在孩子的脑海里扎根，直接影响他身心的发育和成长。因此，要想孩子身心健康、成龙成凤，父母应该加强自身的修养，杜绝或减少家庭精神垃圾的产生。

家庭教育是一项充满着复杂性、多变性、不确定性和创造性的系统工程。与其他事物的发展一样，家庭教育在实践发展中也受到诸多因素的影响和制约。家庭教育在实施过程中，能否顺利地进行，又以何种形式开展，究竟又能取得何种教育效果等，这些问题都不是由家庭的某一个或某几个因素所决定的，而是各种影响家庭教育的相关要素共同发挥作用的结果。概括而言，影响家庭教育的因素主要有家长自身素养、家长教养态度和方式、家庭生活环境等。

一、家长自身素养

在家庭教育中，家长，特别是父母是开展幼儿教育的直接责任人和执行者，是最重要的教育者。在幼儿教育过程中，家长起着重要的作用，决定着家庭教育的目的和培养目标、教育的内容、教育的方式方法，从而也决定着教育的效果。因此，家长自身素养如何直接影响着家庭教育的成效。家长自身素养包括家长的价值观念、教育素质和教育能力等。价值观是个体对世界、社会、他人、人生的整体看法和观点，是指导实践活动的标准。家长的价值观念关系着整个家庭教育的发展方向和基调。家长对幼儿进行家庭教育的价值观念包括儿童观和教育观两个方面。家长的儿童观作为一种以意识甚至潜意识形态存在的理念，是指导教育实践的根本指导思想。可以说，家庭教育成败的关键在于家长是否有一个科学的儿童观。教育观是人们对教育的基本认识和看法，对其教育行为起着制约和指导作用。在家庭教育中，家长的教育观是影响家庭教育实践及其实施效果的核心因素。家长的言传身教无时无刻不在对幼儿产生影响。家长科学的教育观将对幼儿起着至关重要的作用。家庭教育是一种综合性的并在潜移默化中达成教育效果的教育，因此它对家长提出了更高的要求。换言之，家长教育素质的高低直接影响着家庭教育的实施效果。家长的教育素质涉及家长的身体素质、文化素质、道德素质、心理素质等多个方面，家长只有不断提高教育综合素质水平，才能使家庭教育的效果更好。家长教育能力主要包括观察记忆能力、社会交往能力、自控应变能力以及创新能力。家长教育能力是指家长在家庭教育过程中应具备的教育孩子的能力，这些能力是保障家庭教育顺利开展的前提，并能够间接地使幼儿获得该方面能力的发展。

二、家长教养态度和方式

家庭是幼儿成长的第一所学校，父母是幼儿的第一任教师。在开展家庭教育的过程中，家长的教养态度和方式对幼儿的身心健康发展、日常行为习惯养成以及个体社会化发展等都有着举足轻重的作用。家长的教养态度反映了家长内在的教育观念和价值理念，其最终将转化为家长外在的教育行为而呈现于日常的家庭教育之中，并对幼儿教育产生直接的影响。概言之，教养态度是教育行为的预备阶段，而教育行为则是教养态度的外在的表征和实践，态度决定了行为方式。家长的教养态度直接表现是家长对幼儿的期望程度。家长对幼儿发展保持合理的期望，对幼儿的激励越大，对幼儿自身发展就会产生积极的作用。若家长对幼儿的期望不切实际且带有盲目性，或者是对幼儿没有任何期望，都会对幼儿的发展造成消极影响。家长教养方式是在家庭生活中以亲子关系为基础，家长尤其是父母在对幼儿进行哺育和养育日常活动中表现出来的一种对幼儿的相对稳定的、固定的行为模式和行为倾向，是家长传达给子女的态度以及由家长的行为所表达出的情感气氛和集合体。教养方式是对父母的世界观、价值观以及教育观的一种特定的行为反映。它与家长的教养态度是一个连贯的统一体，是对观念和行动两个层面的不同反映。家长的教养方式对教育行为起着制约和指导作用，也是影响家庭教育质量的决定因素。目前主要有四种基本的家长教养方式类型，即民主型、专制型、溺爱型和放任型。不同的教养方式会对幼儿的身心发展产生不同的影响。相对于其他教养方式而言，民主型的教养方式更有利于幼儿的健康成长。为此，家长要努力为幼儿营造一个信任、民主、宽容的家庭氛围和教育环境。

三、家庭生活环境

众所周知，环境对个体生命成长具有重要影响。家庭生活环境作为幼儿安身立命之所，每时每刻对幼儿身心发展产生着影响。家庭生活环境主要包括家庭结构、家庭经济生活状况和家庭成员之间的关系等方面。

（一）家庭结构

家庭结构是指家庭成员相互间基于亲属血缘关系或婚姻关系，并根据家庭成员人数所构成的家庭组合形式。家庭结构一般可分为主干家庭、核心家庭、单亲家庭等。不同的家庭结构类型会对幼儿的成长和发展产生不同的影响。

主干家庭是我国传统的家庭结构形式。主干家庭是由祖辈、父辈和孙辈三代人所构成的家庭，三代人生活在一起，人口较多，规模较大，层次比较复杂。在这样的家庭结构中，幼儿扮演着子女和孙子女的双重角色。幼儿通过观察祖辈与父辈处理生活中的各种关系，学习与锻炼适应社会生活能力和交往能力。同时祖父母还承担着辅助父母照顾和教育幼儿的责任，能够使幼儿得到更多的关爱和更充分的教育。但是在主干家庭中，由于祖辈和父辈之间年龄差距比较大，经历不同，思想观念也不同，教育观念很容易发生冲突，从而削弱教育效果。此外祖辈往往溺爱幼儿，容易使幼儿对一些问题形成错误的认识，还可能使幼儿形成双重性格，即当着祖父母的面是一套，当着父母的面又是另外一套，从而对幼儿的成长带来不利影响。

核心家庭是由父母与未婚子女两代人所构成的家庭。它是我国家庭结构的主要类型。

核心家庭内部代际关系结构简单，家庭内互动对象少，幼儿和父母的关系更加密切，能够使父母对子女的教育思想和教育理念达成一致。在这种家庭结构中，子女对家长信任、依赖，对家长的教育容易接受，家长的教育思想能得到贯彻，并能产生良好的教育效果。但是，核心家庭结构对幼儿的成长与发展也有不利的一方面。由于在核心家庭中只有父母和子女，幼儿是家庭生活的中心，容易使幼儿滋生特殊化心理，缺乏集体观念和协作意识，养成自私、任性、孤僻、独断等不良性格。

单亲家庭又称为缺损家庭，是指夫妻双方因离婚、丧偶而仅有一方同未婚子女生活在一起的家庭。研究表明，单亲家庭环境会对幼儿的身心发展带来诸多负面影响。由于家庭出现重大变故，幼儿会承受极大的精神和心理压力，严重的还会出现心理、情绪不正常。单亲家庭尤其是离异家庭的幼儿在智力、同伴关系、亲子关系、情绪控制等方面，与完整型家庭的幼儿相比，存在显著差异。在单亲家庭里，很难建立一种和谐的亲子关系，从而进一步制约了幼儿的正常教育，影响幼儿的健康成长。

（二）家庭经济生活状况

家庭经济收入是维持家庭生活的基本保障。富足的经济条件可以为家庭成员提供更加舒适的生活环境，也可以为幼儿提供更加优越的教育条件。正如教育经济学家所言，教育首先是一种消费，能否进行这种消费，接受什么质量、等级的消费和家庭的经济收入呈正相关。父母拥有较好的经济生活状况，就意味着他们有较为雄厚的经济支付能力，能够为子女的教育投入更多的资金，从而能够为其子女提供优质的教育，使其子女在各种教育机会的竞争中能抢占先机。此外，经济收入的高低会影响父母的自尊、抱负、价值观，并间接地影响他们对幼儿的期望，从而潜移默化地影响着幼儿的发展。国外有学者研究发现，那些社会经济地位较低、工作性质是听命于他人的人，由于必须顺应、服从权威才能维持工作稳定，因此在教育孩子时就倾向于强调服从、干净、整齐、尊重权威，认为这些行为特征会给孩子带来帮助和好处；而经济收入较高，工作性质是指挥、管理他人的人，则更强调儿童要有理想、好奇心、要有创造性等。若家长不能树立正确的消费和生活理念，过分重视和满足幼儿对物质生活的追求，则可能使幼儿养成养尊处优、纵欲享乐、不求上进的品性，成为影响他们成长的不利因素。

（三）家庭成员之间的关系

家庭教育是家庭系统内部成员之间互动的过程，其充斥着各种复杂多样的关系形态。在主干家庭里，指的是祖父母之间、父母之间、父子之间、婆媳之间的关系；在核心家庭中，指的是父母之间的关系。家庭成员之间的关系在家庭教育中的作用不可忽视，幼儿缺乏独立生活的能力，不能脱离家庭、父母而独立生存，家庭成员之间的关系好坏影响到他们能否感受到安全、温暖和快乐。家庭成员间的关系是亲密还是冷漠，是和睦还是矛盾重重，是团结一致还是四分五裂，是互相平等还是高低贵贱，是相互尊重还是独断专行，对幼儿的身心发展影响较大。通常情况下，家庭成员间所形成的家庭生活氛围、家庭生活秩序和家庭稳固程度，与幼儿的学习、品德发展状况成正比。

第三节 家园合作

案例导入

埋怨还是沟通

星期一，A老师埋怨说："萱萱在家过了一个双休日，结果今天在幼儿园不好好吃饭还乱扔东西，活动时喜欢说话，真不知道家长是怎么教育的！"站在一旁的B老师颇有同感地说："是啊，如果家长都能按我们的要求去教育孩子，我们的工作就好做多了！"A老师接着说："可这些家长不按我们的要求去做倒也罢了，还经常给我们提这样那样的意见，好像我们当老师的还不如他们懂得多，真拿这些家长没办法……"

问题探讨

结合《幼儿园教育指导刚要（试行）》相关内容，分析和评论A、B老师教育观点，并具体谈谈家园合作对幼儿发展的重要意义与目前存在的误区。

案例分析

家园合作是学前教育工作的重要组成部分。对于从家庭环境进入迥然不同的集体环境的新入园幼儿来说，家园合作的意义显得尤为重要。

家园合作有利于充分利用家长资源。家庭是孩子的第一所学校，父母是孩子的第一任老师，家长与孩子之间特有的血缘关系、亲情关系与经济关系，使这种教育具有感染性、长期性和针对性，教育内容复杂丰富且教学方法灵活多样。可以说家园教育是学前教育重要的教育力量。让家长直接或间接地参与幼儿园的教育，可以使他们深层次地了解幼儿园，了解学前教育。

家园配合一致，可以促进幼儿健康和谐发展。幼儿园教师要发挥主导作用，充分重视并主动做好家园衔接工作，使幼儿园与家长在教育思想、原则、方法等方面取得统一认识，形成教育合力，家园双方配合一致，促进幼儿的健康、全面发展。

目前，家园合作还存在一些误区。一是家园合作不够深入，较多地停留在表面，表现为"三多和三少"。即家长虽然进入了幼儿园，但参观得多、参与得少；间接参与较多、直接参与少；一次性直接参与多，经常性直接参与少，等等。二是家庭和幼儿园的教育内容脱节，表现在家长来园参与活动常常是和儿童一起玩，回家后很少与家庭教育联系起来。这造成了教师与家长的教育观念、方法的脱节，直接影响到幼儿园的正常教育工作。

案例中的A、B两位教师的观点否定了幼儿园与家庭的紧密伙伴关系，认为自己是专业教育工作者，而家长大部分不懂教育；家长与教师"各司其职"，在家归家管，在幼儿园归老师管。其观点是片面的、错误的。

一、家园合作的意义

（一）家园合作是学前教育的基本立足点

早在1927年，陈鹤琴先生就说过："幼稚教育是一种很复杂的事情，不是家庭一方面可以单独胜任的，也不是幼稚园一方面能单独胜任的，必定要两方面共同合作方能得到充分的功效。"苏联教育家苏霍姆林斯基提出学校应是"家外之家"，家庭应是"校外之校"。最理想的教育应是"学校——家庭教育"。1984年，美国幼教协会制定并颁布了《高质量早期教育标准》，它将家园合作作为衡量学前教育质量的一个重要的方面，并指出"幼儿与家庭关系密切，唯有认识到家庭对孩子发展的重要性，并与家长有效合作，共商教育对策，才能使教育适应孩子发展的需要"。1998年日本颁布了《幼儿园教育要领》，它在幼儿园的教育目标中，开宗明义地指出："幼儿园的教育要与家庭密切合作，为人的终身发展奠定基础。"可见，学期教育机构与家庭合作早已成为世界学前教育的共识。而且，随着社会的发展以及对学前教育重视程度的不断提高，学期教育机构与家庭双方携手合作作为学前教育的基本立足点越来越受到重视。家园合作这一学前教育的基本立足点是学前儿童的年龄特点和学前教育的规律所决定的。

（二）家园合作可以整合双方优势，实现教育合力最大化

学前教育机构与家庭都承担着教育儿童的重要责任，都为了一个共同的目的：促进儿童最优和最大限度地发展。学前教育机构作为促进儿童发展的专业机构，以双方共同的责任和目的为基础，主导双方合作共育的正确方向和过程，使之实现教育合力的最大化。

学前教育机构的优势在于它的专业性，但家庭教育儿童的优势正是学前教育机构所欠缺的，主要体现在：（1）学前儿童与父母共同生活是其最基本的生存状态，其成长离不开家庭的照顾与支持，家长是影响儿童生命及其身心发展的关键所在，是儿童发展所不可替代的。家长若能为儿童创设良好的家庭物质环境与精神环境将对孩子的健康成长起着十分积极的作用。（2）家长对儿童的影响最为直接，没有谁能比父母更了解自己的孩子，家长是教师了解儿童的最佳渠道。家长富有针对性的育儿成功经验很值得教师学习，家长的育儿不成功教训也是教师引以为戒和研究教育规律的资源。（3）家长资源丰富，家长的职业优势是教育机构引导儿童认识社会的一扇窗口。家长来自各个不同的行业，这是十分丰富的社会资源，各种不同职业或者不同文化背景的家长可以带给学前教育机构丰富的教育内容，能为学前教育提供多种支持和服务。教师利用好这些资源能使教育活动更生动直观，产生倍增效应。家长的不同的爱好和兴趣、不同的特长、个性优势，若能将其整合到教育机构的各方面工作中，会获得意想不到的收获。

学校教育机构与家庭能建立起良好的合作关系，就能充分发掘、合理利用、优化整合家庭的优势资源，实现教育合力的最大化。

拓展与思索

3月1日，是四岁的乐乐申请休了一个漫长的寒假之后开学的日子，幼儿园门口声嘶力竭的哭闹声引来了好几名老师。孩子还是一直抱着妈妈的大腿不想进幼儿园。园长叫来了主班老师。在婷婷老师的臂膀里依旧号啕大哭的乐乐还在不断地挣扎。妈妈听着孩子渐行渐远的哭声离开了幼儿园，并在道别的时候保证晚上第一个来接她。近一个多小时后，婷婷老师发来了孩子高兴玩耍的照片，直到妈妈晚上去接乐乐，她的情绪都保持得不错。就这样，一天终于结束了。第二天、第三天、第四天……乐乐在幼儿园门前哭闹都成了惯例，所有的许愿、奖励都失去了效力，孩子哭的理由很简单——不想跟妈妈分开。妈妈担心是不是在幼儿园发生过什么不愉快，致使她躲避幼儿园。妈妈决定晚上跟老师们了解一下孩子在园的情况。经了解，乐乐在幼儿园表现还不错。老师为了安慰她还经常给她表现机会，并加以夸奖，跟小朋友的关系还是很融洽的。妈妈和老师坐在一起开始商量对策，妈妈委托老师也跟乐乐好好谈谈，最好对她的好行为提出期望。老师建议妈妈也退一步，答应乐乐每天都高高兴兴来幼儿园就多放她半天假。在这一策略的指导下，第五天来上学的乐乐情绪好了很多，着实让园长有些小惊讶！随后的一周、两周效果都特别好。

案例中，乐乐小朋友是一个情绪表达比较直接的孩子，由于长期在家与妈妈玩在一起，对妈妈比较依赖，对规律的幼儿园生活排斥也在情理之中。作为幼儿教师，也要善于观察和分析孩子特点，经常跟家长进行沟通交流，帮助家长解决育儿问题，让孩子更健康快乐成长。

阅读上述案例，说说你对家园合作的看法。以后作为幼儿园教师，你如何跟家长进行沟通合作。

二、家园合作的内容和途径

（一）家园合作的内容

家园合作内容十分丰富，包括亲职教育、教学活动合作、管理合作、研究合作、资源支持等方面。

亲职教育是指为了提高家长素质和家教质量，对家长的家庭教育提供帮助和进行指导的过程。教学活动合作是指家庭以各种形式参与学校活动，从而对幼儿园的教育教学及儿童学习提供支持。比如，请作为医生的爸爸妈妈来幼儿园为小朋友讲解保护牙齿的方法及其重要性等。管理合作是指家庭参与管理和监督幼儿园的管理活动，比如家长委员会可以对幼儿园的一些管理方式提出更好的意见。研究合作是指家长参与幼儿园的教研工作，比如填写一些调查问卷。资源支持是指家长或由家长牵头联系有关部门向幼儿园提供教育资源，比如基金组织的设立、教育设施的捐赠、场地的提供等。但是幼儿园与家长之间的合作远不限于此，还包括精神层面的沟通和理解以及各自对双方工作的尊重。

（二）家园合作的途径

1. 建立家长委员会

《幼儿园工作规程》中规定："幼儿园应该成立家长委员会。家长委员会的主要任务是：帮助家长了解幼儿园的工作计划和要求，协助幼儿园的工作；及时反映家长对幼儿园工作的意见和建议；协助幼儿园组织交流家庭教育的经验。"家长委员会是幼儿园与家庭之间的桥梁和纽带，应充分发挥家长委员会的职能作用，促进幼儿园与家庭的密切联系，使幼儿园的保教工作取得良好的整体效应。

幼儿园的家长委员会是在幼儿园园长指导下工作，由各班推荐两名左右热心支持幼教事业的家长代表组成，由园长任主任，选一名家长为副主任，代表任期一年，到期可改选，也可连任。家长委员会定期开会，家长委员会要关心幼儿园的教育活动，共同探讨有关办好幼儿园、提高教育质量的大事；反映家长对幼儿园的意见和要求，通过多种形式提高家长的育儿水平，提高家庭教育的质量；促进幼儿园教育和家庭教育的相互了解和交流。

2. 利用现代媒体技术，建立家园联系本

随着社会的发展和进步，电脑、手机已经成为人们的生活必需品，家长们可以利用短信、微信、微博等方式与老师交流，既省时又便捷。如某班开通了班级博客，让博客架起了家园沟通的平台。班级博客的网页设计、名称由老师们自行商定；博客的内容每周更新，与教学内容同步，反映孩子在幼儿园学习、生活的点点滴滴；家长可以通过网络与老师交流沟通，特别是那些平时工作忙、无法与老师当面沟通的家长，可以利用班级博客了解孩子的学习生活情况；家长通过博客给老师提供许多有价值的教学资料；更有许多育儿知识经验在论坛上交流；也有不少的意见和建议通过网络相互交流；有助于有关孩子教育的问题得到圆满解决；博客让家长和老师的关系更加密切，家园联系密切程度明显提高。

3. 家长开放日

家长开放日是指幼儿园定期或者不定期地向家长开放，届时邀请家长来园观摩和参观的活动。它是目前我国幼儿园工作中常用的一种形式。家长参观或观摩幼儿园的活动，可以从中具体了解幼儿园教育工作的内容、方法，可以亲眼看到自己的孩子在各方面的表现，得知孩子的发展水平与伙伴交往状况等，特别是可以看到自己的孩子在与同龄儿童比较中显示出的优势与不足，从而有助于家长深入了解孩子，与教师合作有针对性地教育孩子。同时，家长在观摩与参与活动的过程中，还可以观察到教师教养态度、教养方法、技能；领会教师的教育要求和方法，增进家长对幼儿园工作的认同感，以更好地借鉴和改进集体教育方法。

孩子们也很喜欢家长到园来观摩和参与他们的活动。在活动中孩子们会更加积极和认真。大多数幼儿园都利用"六一""元旦"等各种节日，请家长参加同乐活动，家长和孩子共同开展游艺活动、参加运动会、同台演出、尽兴欢乐。举办"开放日"一定要使家长明确目的，让家长了解看什么，怎样看，特别是看到自己的孩子与别的小朋友在某方面有差距时如何认识和正确对待，以免产生负面效应。

4. 进行家访，个别交流

进行家访是幼儿园教师的一项经常性的工作。在日本，教师一般每学期进行一次家访。为了获得家长的信任，教师事先要确定家访目的，与家长约定好时间，考虑好说什么和问什么，注意不要触及家长的隐私。家访是个别交流的一种有效方式。一般来说，深入细致的个别化家长工作，是了解家庭教育、促进幼儿发展的重要途径。个别交流能针对每个孩子的特点、发展水平、家庭状况、家长的教育观点等进行全面的了解并做针对性的工作。这种方式便于密切联系幼儿家长，更有效地实现家园同步教育。在与家长接触中，发现不少的家长在育儿观、儿童观方面存在误区，直接影响家教质量和家园合作教育。如不少家长认为，向孩子灌输大量的知识便是智力开发，让孩子学会一技之长就能成才；还有一部分家长认为，把孩子送到幼儿园，教育就是老师的事了，家长只要管好孩子的生活就行了；有的家长不让孩子玩游戏，认为玩游戏学不到知识；有的家长对孩子非常溺爱，不重视孩子的性格品德养成；还有的是生长在不和谐家庭氛围中的孩子、离异家庭中的孩子等。针对这些，个别交流就显得非常重要，教师利用与家长一对一交流的机会，可以帮助家长解决一些实际问题。

家园合作的途径有很多，除了上述的几种途径之外，还包括具体的措施，如参观游览。家长和教师可以带领幼儿到博物馆、图书馆、美术馆、展览馆、科学馆、体育馆等参观，增加儿童对国家政治、历史、文化、艺术、体育等方面的感性认识，还可以让儿童亲自体验自然的美好，萌生热爱自然的情感等。

《国家中长期教育改革与发展规划纲要》相关规定

《国家中长期教育改革与发展规划纲要》明确指出："家庭是幼儿园重要的合作伙伴。"幼儿进入幼儿园后，教育幼儿的责任将由家庭和幼儿园共同承担，幼儿的发展是集体、幼儿园等多方面影响力"汇合"的结果，当家园教育方向一致时，教育效果会倍增；反之则会相互削弱。幼儿园与家庭的合作是当今我国幼教改革与发展的大趋势。

《国家中长期教育改革与发展规划纲要》中指出："把发展学前教育纳入城镇、社会主义新农村建设规划。建立政府主导、社会参与、公办民办并举的办园体制。大力发展公办幼儿园，积极扶持民办幼儿园。加大政府投入，完善成本合理分担机制，对家庭经济困难幼儿入园给予补助。加强学前教育管理，规范办园行为。制定学前教育办园标准，建立幼儿园准入制度。完善幼儿园收费管理办法。严格执行幼儿教师资格标准，切实加强幼儿教师培养培训，提高幼儿教师队伍整体素质，依法落实幼儿教师地位和待遇。教育行政部门加强对学前教育的宏观指导和管理，相关部门履行各自职责，充分调动各方面力量发展学前教育。"

思考与练习

1. 家园合作的途径和方法有哪些？
2. 家园合作的重要意义是什么？
3. 家园合作存在哪些问题？

第九章　学前教育与社区

学习导航

1. 理解社区与社区学前教育；（难点）
2. 了解国外社区学前教育的发展；
3. 熟知社区与学前教育机构合作的实践；（重点）

第一节　社区与社区学前教育

案例导入

幼儿园社区活动方案

活动主题：参观村里的小卖铺

指导思想：通过参与社会实践活动，让孩子走出校园，体验社会生活，丰富幼儿社会经验；增长幼儿见识，开阔幼儿眼界，使幼儿的综合能力有所提高并获得更全面的发展。

活动目标：参观小卖铺。了解小店里的物品是分类摆放的；知道商品的价格标签，认识价格；学会自己购物的方法，体验参观的乐趣。

活动时间：2016 年 10 月 30 日

幼儿入园时间：08 : 00

出发时间：08 : 30

活动地点：村里的小卖铺

参加人员：中班全体师生及部分家长志愿者

活动安排：

1. 三名教师及家长志愿者带队。班主任走在队伍前面，家长志愿者走在中间，两名教师走在队伍的后面，负责幼儿有序参观。

2. 活动前，上好幼儿活动预备课，提高幼儿安全和自我保护意识。

3. 活动路线：幼儿园—村里的小卖铺

4. 活动结束后，组织开展幼儿经验分享，观看活动照片；组织志愿者交流关于开展社区活动的感想。

鸡场坡乡黄土坡幼儿园
2016 年 10 月 25 日

问题探讨

社区如何与幼儿园进行合作是当前学前教育的关键问题，幼儿园需要与社区配合来充分发挥校内外教育教学资源的综合作用，共同促进幼儿更好成长。幼儿园与社区如何更好地合作，如何充分发挥校外教学资源是当前幼儿园与社区合作的问题。

案例分析

社区对学前教育的意义重大：社区环境具有教育性，社区的自然环境和人文环境在儿童的成长中有着特殊的意义。充分利用社会环境中妇幼教育意义的自然和人文景观、革命历史文物、遗迹等，不仅扩大了教育的空间，而且深化和丰富了教育的内容；社区资源对学前教育具有重要意义，社区的生产功能、生活功能、文化功能兼备，能为幼儿园提供教育所需要的人力、物力、财力、教育场所等多方面的支持。幼儿园在与社区的合作中，直接利用社区丰富的教育资源，让儿童走进社会大课堂，使学前教育变得更生动，更富有时代气息；社区文化对学前教育具有意义，文化和文明程度高的社区，幼儿园的园风、教育质量也都不错，社区的影响无疑是一个重要因素。

综上所述，幼儿园与家庭、社区的合作是社会发展对学前教育提出的客观要求，又是学前教育自身发展的内部需要。幼儿园应当积极地探索适应社会变化的新型教育模式，并在此过程中求得自身的持续发展和飞跃。

社区是指聚居在一定地域范围内的人们所组成的社会生活共同体，是一定的具有某种互动关系和共同地缘文化的，有秩序、有感情的人群进行一定社会活动的地域空间，是具有共同利益的居民的结合，人和人之间的互动是社区关系的核心。社区的要素包括人民（由人群组成）、地域（地理疆界）、社区互动（社区内居民由于生活所需彼此产生互动或有组织的互动机构协调）、社区认同（社区居民由于互动，需要一种认同感和规范性，或叫“归属感”“社区情结”）四大要素。目前我国城市社区的范围，一般是指经过社区体制改革后作了规模调整的居民委员会辖区。农村社区的范围一般沿袭村民委员会辖区。社区是幼儿一出生就接触的社会环境，也就是对幼儿最早产生影响的，除了家庭之外的外部环境。

社区学前教育是指幼儿园与家庭、社区的密切合作和幼儿园与小学有机衔接组成的综合教育体，以地域性为基本特征，将幼儿、幼儿家长、幼儿教师和社区居民联系在一起，为幼儿教育创造多元的社区环境。社区学前教育是社区经济、文化、教育事业发展的产物，是社区教育的重要组成部分。幼儿园教育与社区教育的合作是指幼儿园与其所处的社区、与幼儿家庭所处的社区密切结合，共同为幼儿的健康成长服务。

一、社区与学前教育的关系

“社区”一词源于拉丁语 communist，意思即伴侣或共同的关系和情感，“社区”一词最早是由德国社会学家滕尼斯于 1887 年提出的。我国学前教育专家黄人颂认为：“在一定地域里，在生活上互相联系，具有一定社会关系的人群就是一个社区。”这揭示了社区与学前教育机构之间的关系，认为社区的自然环境、社会习俗、人口等都会对学前教育产生重大的影响。梁志燊教授认为：“社区教育是指社区内为儿童或全体居民设置的教育设施和教育活动，是多层次的、多内容的、多种类的社会教育。”学前教育机构是社区的一个组成部分，是社区的小环境。学前儿童是社区人口的组成部分，其教育是社区建设的一项重要内容。社区是社会大环境与学前教育关系最密切的一部分。“社区学前教育就是社区内为 0 ～ 6 岁学前儿童或全体居民设置的教育设施和教育活动，是多层次、多内容、多种类的社会教育。”

我国城乡学前儿童数量日益增多，学前教育需要量也逐年加大，而我国学年教育的主要机构——托幼儿园所的数目难以满足大多数学前儿童特别是 3 岁前儿童的需求，0 ～ 3 岁儿童的入园率很低。如果学前教育问题解决不好，将影响整个国民教育的整体素质的提高。我国政府很重视学前儿童的教育问题，把它融入终身教育体系中，从以前主要发展 3 ～ 6 岁的儿童教育，延伸到 0 ～ 3 岁的早期教育。在经济发达地区的上海、广州、深圳等地已经开始探索社区学前教育的模式，积极推进 0 ～ 6 岁儿童教育社区化，试图改变我国 0 ～ 3 岁早期教育与 3 ～ 6 岁学前教育脱离以及 0 ～ 3 岁早期教育比较薄弱的状况。

二、社区学前教育的特点

社区是幼儿最早接触的社会环境，与家庭环境一起从小对儿童产生重大的影响。社区学前教育主要有如下特点：

（一）地域性

整合社区资源优势，在辖区政府机构的支持、指导下，城市以街道或居委会为基础，农村以乡或村为基础，发展街道办、村办、校办的学前教育机构，以满足区域内居民送子女入园入校教育和其他社会教育的需求。

（二）实用性

社区作为一个生产、生活功能、文化功能兼备的社会小区，具有丰富的自然、人力、物力、财力、教育场所等多方面的支持。教育设备和内容因地制宜、就地取材，依托并发挥社区内的各种力量，多元化服务。充分利用社会环境中富有教育意义的自然和人文景观、革命历史文物、遗迹等，扩大教育的空间，丰富和深化教育的内容。

（三）广泛性

社区学前教育作为非正式的教育方式，通过社区生活作为教育契机来实现，具有随机性、广泛性的特点。一方面幼儿在社区生活中可以广泛接触不同观点、不同工作的劳动者，体验其中相互依存的社会关系，随时随地接受社区各要素的影响。另一方面，社区幼儿教育是一项综合工程，需要当地党政部门、妇联和教育部门（或当地学校）相互协作组织教育资源，其他部门（包括卫生保健、计划生育和司法民政部门等）分工配合，需要区内企事业单位和个人出资出力，给予支持，才能够全面实现幼儿园与家庭、社区之间的紧密合作，共同为幼儿健康快乐成长提供外部支持和保障。

（四）复杂性

社区居民的多元性决定了社区教育的复杂性。虽然有着其居民共同认可的价值观、道德观、行为观，但居民遵守和重视的程度有差异，对幼儿的影响也有好坏。因此幼儿园、家庭和社区要经常联系，共同应对随时出现的问题，以适应社区教育的需要和变化。幼儿园要经常听取家长与当地群众代表的意见，加强为社区服务的意识，并努力配合社区，协办文娱、体育活动和向全社区群众进行科学育儿知识宣传。而社区管理人员要从人力、物力、制度等方面尽力支持各类的学前教育机构，帮助其提高质量，努力推进整个社区学前教育事业的发展。

三、社区与学前教育机构合作

社区与学前教育机构合作

幼儿园周围的社区是幼儿十分熟悉的地方。社区的自然环境和人文环境在幼儿的成长，特别是精神的成长中有着特殊的意义。

（一）学前教育机构与社区合作的意义

1. 开阔儿童视野和促进身心和谐发展

意大利瑞吉欧·艾米莉亚幼儿教育机构之所以成为“全世界最好的学前班”（据 1991 年美国《新闻周刊报道》），近二十年来，意大利瑞吉欧教育取向已风靡全球，近两年，这股风又吹进我国幼教界。其主要原因之一就是重视儿童、教师、家长和社会人士之前的合作互动。作为一个居住、生活、文化等功能兼备的社区，作为与学前教育机构紧密联系的社会环境，社区能为幼儿园提供教育所需的人力、物力、财力、教育场所、教育信息、教育智力等多方面的支持与服务。学前教育机构可充分利用社区资源，打破传统的封闭式教育，开放办学。带领儿童走进社区、接触社会，也可以把社区的人员请到学前教育机构来，引导儿童与社区内丰富的环境、人员充分相互作用，扩大视野、扩展认知、锻炼身心、陶冶情操，获得身心全面发展。

2. 学前教育机构是社区建设的支持者，为社区提供教育和文化服务

当今学前教育机构具有许多优势，比如完善的硬件设施和环境，专业的师资力量、有计划有组织的教育内容和活动等，因而学前教育机构在社区教育发展中处于核心地位，带动社区学前教育的发展。因此，学前教育机构要以自身的优势服务于社区，支持社区的各项教育活动开展。

社区的一些工作，尤其是社区文化的发展，也需要学前教育机构的支持。作为社区环境的一个组成部分，社区精神文明建设的一个单位，学前儿童的良好环境创设、教师与幼儿的文明礼仪习惯的养成，可以成为社区的典范，推动社区其他单位、群众的精神文明建设。组织教师、幼儿参加社区的各种宣传活动，为社区家长开办家庭教育讲座，可以活跃社区

的文化氛围。学前教育机构的办学质量的提高为培养社区高素质公民奠定良好基础。学前教育机构走进社区、融入社区、支持社区和为社区服务，都是在为社区建设、构建和谐社会贡献力量。

3. 社区环境、资源、文化具有教育性

社区自然环境和人文环境对儿童的成长有特殊的意义，将幼儿园教育扩展到社区，不仅扩大了幼儿园教育的空间，还丰富和深化了教育内容。社区环境中有很多富有教育意义的景观，包括自然景观、名胜古迹、公园、图书馆等，这些都是儿童游玩、参观、开阔视野、增进身心健康的好去处。

儿童教育事业的发展需要广泛动员社会各方面的力量。社区能为幼儿园提供教育所需要的人力、物力、财力、教育场所等多方面的支持。首先，社区内的商店、超市、银行、邮局、敬老院等是丰富儿童社会认知、帮助儿童积累社会经验、进行社会性教育的重要资源；其次，社区内各行各业的工作人员都具有一定的职业优势，可为幼儿园教育活动提供人力和智力支持。总之，社区的参与将使幼儿园教育变得更生动、更富有时代气息。

社区文化无形地影响着幼儿园的教育，优秀的社区文化是幼儿园教育的宝贵资源。一般来说，精神文化建设较好的社区，幼儿园的园风相对较好，教育质量也比较高。

可见，学前教育机构加强与社区的联系与合作，无论对学前教育机构，还是对社区的构建，都具有重要的意义。

（二）学前教育机构与社区合作的途径

1. 带儿童去社区开展教育活动

每一所幼儿园都坐落于一定的社区之中。不同的园所所在的社区、周边环境会不同。教师应该从实际出发，借助和运用社区的教育资源，充分发挥社区的资源优势，拓展教育途径，丰富教育形式，让儿童作为社区的一份子，与社区的自然环境和社会环境亲密接触。

（1）散步与玩耍。可以利用社区的自然景观，如小区花园、公园、街心广场等，经常带儿童去那里散步、观察与认识大自然、玩耍、游戏，感受不同于学前教育机构内部的环境，亲近自然，亲近社会，陶冶身心。

（2）感受社区文化。教师带领儿童到社区内的文化机构，如图书馆、美术馆、展览馆、科技馆、博物馆、体育馆等场地去参观，使之初步感受民族历史、艺术、体育等方面的知识，扩大视野。

（3）认识和关心周围的人。社区资源很多，要培养儿童学会尊重、相互关爱等意识和行为。我们还可以让儿童去访问社区中的工作人员，比如邻居、保安、清洁工、邮递员、消防员等。让儿童了解到正是有了社区中的人们在不同的岗位上工作，才有这么整洁、安全、美丽、温馨的社区。同时了解到各行各业人员的辛苦，并尊重他们的劳动成果。

（4）参加社会实践。首先，教师可以带领儿童参加一些劳动实践，培养儿童的劳动意识、社会服务意识；其次，教师还可以引导儿童为社区做些力所能及的事，从中体验关心小区、为他人服务的快乐。

2. 开发与利用社区的人力、物力资源

幼儿园可以采用“请进来”的形式，把社区中不同职业人士请到幼儿园中来参与儿童教育，与儿童一起活动，参与学前教育。如在爱家乡的教育中，可以请亲身经历几代变化的老人给小朋友讲新旧城市变化的故事。在爱自己的生命教育中请社区中的老司机给孩子们讲交通规则。请警察叔叔为儿童表演指挥交通的手势并讲解其含义，增强儿童的交通规则意识。请消防员叔叔向儿童展示灭火的技巧，讲解当我们遇到火灾时的自救方法。在季节交替时，请医务人员为儿童讲解如何预防疾病等知识，请画家为幼儿传授画画技艺等。社区成员参与儿童教育，将拓展儿童的生活和学习范围，使他们的学习更具有真实性。而在真实的环境中，一个人的情感也最容易受到感染，有效地增强了活动的实效性。

（1）开发和利用幼儿园人力资源。幼儿教师接受过专业、系统的训练，在儿童教育方面具有较高的水平，是重要的人力资源。教师可充分发挥自己的专业特长，为社区群众举办教育知识讲座、办育儿知识等各种宣传专栏；节假日可以协助开展各种活动，如协助组织社区的儿童慰问烈士家属、劳动模范等。

（2）开发和利用幼儿园物质资源。相对于社区内的其他机构来说，幼儿园具有较为齐全的教育设施等物质资源。幼儿园可以适时适度地向社区全体儿童和居民开放，与社区共享资源。如某幼儿园与社区联合建立社区“玩具图书馆”，接纳社区儿童前来借玩具和图书。

幼儿园与社区合作的教育形式符合我国国情，我们应该不断加强幼儿园与社区沟通和合作，为儿童的发展提供最佳的社会环境。

3. 多元化办好学前教育

社区是各方协同教育的根据地，是建设良好的教育系统工程不可缺少的后备军。目前，社区幼儿园教育呈现出多元化的趋势。有公办幼儿园，也有民办幼儿园和其他形式的幼教机构，可以相互合作和竞争。社区企事业单位和居民中蕴藏着丰富的人才，如居民中的科技、医护人员，已经退休的教师、劳模等，他们很爱孩子，乐意参加幼儿园机构的教育活动。动员一切力量在人力、物力上支持幼儿园教育，办好幼儿园教育，可以极大地提高社区的创造力和凝聚力。

4. 参与社区教育工作，从社区的反馈中改进自身管理与教育的质量

幼教机构要热心参与社区教育工作，与社区各方面一起建立良好的教育生态环境，赢得更多的人对幼教事业的理解、信任和支持。幼儿园通过参与各种社区活动，可以拓宽办园渠道，利用社区内人力和教育设施，改善办园条件。在参与社区活动的过程中，既锻炼了教职工的实践能力，也给孩子们提供了更多的表现才能的机会，展示了幼儿园自身的力量和精神面貌。也可以从社区的反馈中发现存在的问题，改善自身管理，使幼教工作更接近社区，更贴近家长，达到共同提高幼儿教育质量的目的。

（三）学前教育机构与社区合作注意事项

幼儿园与社区的合作是一个新的课题，在合作过程中遇到了很多问题。主要是：较多流于形式，实质性的教育效果不大；打乱了幼儿园的生活常规，加重了幼儿教育和儿童的负担；将与社区结合的活动和幼儿园活动分离开来，不能有效地利用社区环境来深化幼儿

园教育。另外，对于社区的结合还存在一些不正确的认识，如认为幼儿园周围的社区环境不好，所以不能合作等。因此，我们在实施幼儿园与社会合作的过程中需要注意以下几个方面：

（1）幼儿园与社区结合并不是要幼儿园在本职工作之外去搞什么大型活动，参与社区的活动也不是增加教师与幼儿负担的额外工作，幼儿园完全能将与社区结合的活动纳入到自己的教育内容中去，二者应当、也可以有机地结合起来，相得益彰。

（2）与社区结合的活动一旦深入到幼儿园教育过程之中，将大大扩展教育的深度和广度。在利用社区资源时，教师要注意情感渗透和各种能力培养的有机结合，还要加强与社区的联系，让社区人员、家长了解幼儿园的意图、具体教育内容和要求，实现真正意义上的合作。

（3）与社区结合的活动不仅对幼儿在德育、社会性发展等方面有重大意义，而且对幼儿在智力、科学素质、分析和解决问题的综合能力培养方面也有独特的作用。

（4）是否能展开与社区结合的活动，社区环境条件不是主要的，关键是教师能否敏锐地抓住问题，发现有教育价值的事情或现象，并有效地加以利用。同时，与社区结合可以贯穿在幼儿园教育过程中。

总之，加强幼儿园、家庭、社区三方共同合作，促进幼儿教育发展的道路，是摆在我国幼儿教育工作者面前的一项艰巨且必须完成的任务。

第二节　国内外社区学前教育的发展

案例导入

英国幼儿园与家庭、社区合作共育的特点

1. 使用“家长手册”，使家长了解幼儿园的教育目标。
2. 开辟“家长布告栏”，使家长了解幼儿园的日常活动安排和具体教育活动。
3. 绘制儿童“发展记录”，使家长知晓孩子的发展水平。
4. 定期发放“幼儿园通信”，让家长在家配合幼儿园的教育教学以及从家长那里获得具体的教育建议。
5. 让“家长参与”，使儿童得到更好的发展。
6. 通过“家长委员会”，帮助幼儿园筹措资金。
7. 赢得“家长许可”，使幼儿园能大胆利用社区资源。
8. 采取“投诉程序”，融洽家园关系。

问题探讨

通过了解英国幼儿园与家庭、社区合作共育的特点，说说你对社区学前教育的看法。

案例分析

学前教育作为一种社会活动，它的开展离不开社会给予它的影响，当然它也为社会发展带来众多好处。学前教育的目标设置来自于社会对人的要求，幼儿园在发展过程中也要大胆利用社区资源组织儿童进行活动。

一、我国社区学前教育的发展

我国社区学前教育发展得比较晚，然而，有一些学者早在二十世纪二三十年代受欧洲、美国学前教育的影响，相继在城市、农村办起了为工人、农民和平民服务的学前教育机构。如教育家陶行知等人指出，工人、农民和平民的孩子都享受不到学前教育的权利，而实际上最需要幼儿园的地方是女工区和农村。1927 年，陶行知在南京、上海等地先后依靠当地群众创办起乡村幼稚班和劳工幼儿园。

新中国成立以来，自 20 世纪 50 年代起，各级教育部门就大力推行“公、民办并举，两条腿走路”的办学方针，在城乡发展了大批民办学前教育机构。但由于受国民经济水平的局限，6 岁以下儿童主要仍靠家庭教养。

20 世纪 80 年代，由于教育体制的变革和九年义务教育的全面推开，提倡举办多种体制、多种形式的学前教育事业，便利群众。但在全国发展并不平衡，经济发达地区和大城市幼儿入园率提高较快，农村则招收 5 岁以上幼儿的学前班占多数。社会力量办园始终是学前教育事业的主体。

到 20 世纪 90 年代，在城市，社区的民主组建工作逐步加强，不少社区工作人员具有大专以上学历；在农村，村民委员会也普遍得到加强。同时，国家设立了一批儿童发展实验试点，政府颁布了相关法律法规，规定了家庭、社会、学校保护和教育儿童是光荣职责，明确了关心儿童是国家、社会、学校、家庭共同的事业，社区是“优生、优育、优教”教育的基本阵地。

随着改革开放和时代的发展，在我国城乡普遍出现了多体制、多种类、多形式的社区幼儿教育机构。主要有如下几种：

（1）教育部门以正规化幼儿园为重点，要求园方在提高自身教育质量的同时，承担对邻近的正规与非正规园所的保教业务指导工作，以点带面，推动学前教育的发展。

（2）在经济发达地区，基层政府组织有志于教育的力量，如学校、科研院所、公共的文化、教育设施和重点企事业单位等，成立社区教育委员会，聘请退休教师、老干部担任专、兼职辅导员。

（3）教育科研单位集中一定的科研基金、组织专家、学者深入社区举办实验点，探索社区保教工作的规律。如中国儿童发展中心心理研究室方意英等人，用三年时间在北京市五个社区进行婴幼儿发展的现状调查和有针对性的干预措施。一是保健干预，建立当地儿童的健康档案，进行生长发育监测，降低贫血、龋齿、佝偻病和上呼吸道发病率，减少低体重儿出生率和提高满月增磅、母乳喂养率；二是教育干预，培训当地保健人员、幼教工作者和家长，开展家教咨询、玩具制作、亲子游戏活动，建立玩具图书室等。

（4）有些地区突破幼儿园、学前班的单一模式，因地制宜建立幼儿游戏组、家庭活动站、亲子活动中心、大带小游乐园等，开展多种多样的非正规学前教育活动，使居住分散、交通不便的牧区、山区或贫困地区的幼儿享受到教育活动的乐趣，以扩大散居儿童受教育的机会。

当前我国社区幼儿教育还处于初级阶段，没有固定形式。随着各地社区教育开展的经验积累、文明社区工作的深入开展，社区幼儿教育事业必将有一个更大的发展。

二、国外主要发达国家社区学前教育的发展

1. 美国

在学前教育发展的历史长河中，社区资源一直是美国学校课程资源的重要组成部分。美国学前教育机构将社区资源视为儿童学习的“第二课堂”，非常重视对社区资源的开发和利用，具体表现在以下几个方面：

首先，利用社区资源扩展教育空间。在美国，社区中的图书馆、博物馆、公园、农场、大学等都是免费开放的，幼儿园可以随时对这些资源进行整合利用。

其次，深入挖掘社区中优秀的人力资源。幼儿教师会自觉发动社区内的清洁人员、警察、画家、音乐家等人员，让他们参与到幼儿园的教育当中，并提供机会让他们发挥专业优势，共同促进儿童的发展。

再次，将社区资源运用于开放式教学实践。美国幼儿园常把课堂扩大延伸到社区环境中去，各地和各校根据自身实际情况组织学生参观科学博物馆、航天博物馆、美国艺术博物馆、华盛顿纪念碑等地。

2. 英国

为了让所有孩子都拥有尽可能好的开端教育，1999 年春，英国政府制定颁布了“确保开端教育项目”，它采取以社区为依托的跨领域部门协作的方式，主要由地方政府、教育者、社区组织、家长以及志愿者为脆弱家庭提供广泛的帮助，强调在尊重家庭文化背景的基础上，帮助家庭营造良好的教育环境。迄今为止，在这一项目的影响下，英国政府官员也参与到社区早期教育机构中，发挥优势支持工作；教育学院除为政府决策提供科学依据外，还负责培养师资；社区玩具图书馆免费提供场所、玩具。

3. 德国

自 1995 年，德国政府开始推行婴儿读书计划，免费向 9 个月大的婴儿赠送一个礼包（内有故 事书、童话诗和图书证），鼓励父母到国家婴儿图书馆去借阅图书，培养儿童对图书的喜爱，提高儿童未来的读写能力和遵纪守法的自觉性。目前，社区常把各个家庭联合起来，结成对子，互相帮助，共同提高教育孩子的水平。社区青年服务部、慈善机构还把经过培训的社会工作者组织起来，分派到一些特殊家庭里去工作，帮助父母掌握教养孩 子的基本知识和技能。总体来说，德国已形成两种典型的教育方案：① 家庭助手方案。家庭助手方案是社 区青年服务部、慈善机构把经过培训的社会工作者组织起来，分派到一些特殊家庭

里去工作。② 家庭互助方案。家庭互助方案需要社区把家庭联合起来，结成对子，共同提高教育孩子的艺术。

4. 澳大利亚

社区教育由社区行政部门主持，由社区行政投入经费，重点为边远地区的家庭和儿童提供服务，服务方式适应性强，灵活多变，以增强家长的育儿知识和经验，帮助家长照顾儿童，为儿童发展提供多种便利条件。澳大利亚社区学前教育的主要形式有：玩具图书馆、游戏小组、儿童活动中心、组织家长学习等。

思考与练习

1. 社区与学前教育合作的途径有哪些？
2. 国外主要发达国家社区学前教育发展情况是什么？
3. 我国社区学前教育将如何发展？

第十章　学前教育与小学

学习导航

1. 理解幼儿园教育与小学教育的不同；
2. 掌握幼小衔接的意义；（重点）
3. 熟知幼小衔接的内容；（重点和难点）
4. 掌握幼小衔接工作实施原则；（重点）
5. 能设计一份幼儿园幼小衔接工作方案。（难点）

第一节　幼小衔接的概述

7 岁的小学生想回幼儿园

小学一年级开学后，转眼两个月快过去了，7 岁的小学一年级新生童童（化名），仍旧无法接受自己的“小学生”身份，还在不断地央求自己的爸爸妈妈送自己回原来的幼儿园。

经深入了解，老师和家长发现，童童不适应小学生活的表现如下：与原来早晨 8：30–9：00 被家长送到幼儿园相比，现在的上学时间太早；原来的幼儿园每节课 20 分钟，小学里一节课却翻了一倍变成 40 分钟，童童受不了长时间端坐听讲；小学的厕所也不像幼儿园的就在本班教室里，还要去离班级很远的走廊尽头男女小朋友分开的公共厕所，再加上小学课堂要长时间遵守纪律不准随意走动去厕所，童童每次想上厕所都会憋着，常常憋到回家，一进门就嗷嗷大哭，甚至有几次都尿了裤子。

家长被老师叫去学校两次，据老师反映，“入学一个月后，其他孩子都能静坐听讲，很少下地走动，可是童童每 40 分钟的课，只能乖乖地坐 5 分钟，上课喜欢东张西望；童童还总是迟到，做事情拖拖拉拉，还发现他上课老是到处找铅笔和橡皮，总拿错课本，很少与同伴说话交流。”“孩子总说：上课没带文具和课本，是因为‘爸爸妈妈没帮我准备好’；上学迟到，是因为‘爷爷奶奶带我出门晚了’……甚至家长还经常道歉，说没有为孩子收拾好书包，准备漏了学习物品。”说起班上那群刚从幼儿园升入小学难以适应的一年级学生，一年级老师们也很无奈。

问题探讨

请阅读以上案例，说说案例中呈现的现象说明了什么道理？结合自己以往的经历和常识，谈一谈你对学前教育与小学教育不同点的认识。

案例分析

有别于幼儿园的小学新环境、不同的活动安排和授课方式、同伴及师生关系构成的“新秩序”，父母的高期望和攀比心态，突如其来的学习竞争压力，使得许多刚从幼儿园升入小学的孩子，面对新同伴、新老师不知如何交往；面对新秩序、新纪律不知道如何遵守；面对新群体、新环境，失去安全感和亲密感，从而产生上述案例中童童小朋友的孤独感和不适感。

拓展阅读

“幼入小”儿童感受到的不同

（1）上幼儿园的时候，早晨迟到或者生病了请假都是常事；上小学了就必须按照时间上学和放学，也不能随便请假。

（2）上幼儿园的时候小朋友会围坐在一起玩游戏；上小学了桌子都是一排排的。

（3）上幼儿园可以不带水壶，老师会为小朋友准备好水；小学要自带水壶喝水。

（4）幼儿园的教室很漂亮，会贴一些可爱的图画，小朋友的画都会贴墙上；小学的教室贴国旗和字，有两块大黑板，墙上贴的是同学的优秀作业。

（5）幼儿园上、下课老师有时会摇铃鼓，不刺耳，比较慢；小学上、下课总会有铃声，比较快。

（6）幼儿园没有体育课，好多都是活动课；小学的课多，有体育、唱歌课、美术课、写字的课……

（7）幼儿园吃好几次东西，还有水果、饼干和酸奶，有中午睡觉的屋子和床；小学只吃一次午饭，不躺在床上睡觉，趴在桌子上睡一会儿。

（8）幼儿园的厕所离班级很近，想去厕所就可以去；小学的厕所很远，上课不可以随便去。

（9）幼儿园的老师讲故事不用书；小学老师讲故事、讲课有书。

（10）幼儿园不怎么换老师，讲故事、唱歌、跳舞都是一个；小学一天有好几个不同的老师。

（11）幼儿园不留作业；小学要写作业，写不完老师会说。

（12）上幼儿园书包里没有好多的书；小学的书包很沉，每天还要换书。

《幼儿园教育指导纲要》明确指出："幼儿园以家庭、社区密切合作，与小学互相衔接，综合利用各种教育资源，共同为幼儿的发展创造良好的条件。"幼儿园和小学是截然不同的两个教育阶段，二者之间衔接得好与不好，会直接影响到儿童以后整个教育的连续性和儿童发展的长远性。因此，学龄前教育工作者必须对"幼小衔接"这一问题做更透彻的了解。

一、幼儿园与小学的不同

（一）生活环境的不同

幼儿园的活动室，一般布置得美观、形象和富有儿童情趣，不仅有丰富的物质环境，还包括和谐的心理环境。而小学教室只有桌椅，固定的座位对幼儿缺乏吸引力，而操场上的运动器械低年级享用机会较少，必然使幼儿感到枯燥。

（二）作息制度的不同

幼儿园的儿童入园时间很宽松，早一点、晚一点似乎影响不大，而且幼儿园每次教育活动时间不会长于半个小时，儿童有事儿随时解决，可以去喝水、上洗手间。而小学一节课就是 40 分钟，过程中不许随意走动离开，唯有等到下课。

（三）生活内容的不同

幼儿园的生活内容主要是游戏，学习只是在中间穿插进行，时间短，不做硬性要求。

小学学习是社会义务，是小学生的主要活动，不论对所学的课程是否感兴趣，孩子都要根据国家统一规定的教学大纲来学好所规定的课程。

（四）师生关系的不同

幼儿教师像父母般地照料幼儿并参加到幼儿生活的各项活动之中，师生之间形成了和谐、亲密的气氛。而小学教师主要精力放在教学上，对学生生活关心机会较少，师生个别接触时间少，新入学的幼儿可能感到压抑和生疏。

（五）教学方法的不同

幼儿园教学具有直观性、趣味性和多样性的特点，是在玩中学，学中玩。而小学强调系统文化知识教育和读写、算术等基本技能的训练，这需要勤奋刻苦才能完成学习任务。

以上几方面说明，幼儿教师只有充分认识到这些变化将给孩子带来的影响，才能科学地从生理、心理、行为习惯等方面为孩子做好幼小衔接。

二、幼小衔接的意义

幼儿衔接工作是指幼儿园和小学根据儿童身心发展的阶段性和连续性规律及儿童终身发展的需要，做好幼儿园教育和小学教育两个阶段的衔接工作。也可以简单理解为幼儿园和小学这两个相邻的教育阶段之间在教育上的相互连接、平稳过渡，其目的是促使儿童做好入学准备，从而克服入小学适应困难。从儿童发展的角度进行理解，幼小衔接是儿童在连续的、不断发展的心理、生理、社会性发展上的衔接。

《幼儿园工作规程》明确指出："幼儿园教育应和小学密切联系，互相配合，注意两

个阶段教育的相互衔接。”据调查显示：将近40%的儿童在刚刚进入小学后，不能适应小学的学习和生活。读一年级的孩子中有很多就有如下现象：不会和新的老师及同学交往；不注意听讲，不能遵守课堂常规，上课随便走动、说话；上课憋尿迫于对课堂纪律的遵守而不举手请假；有同学忘带书本和文具等等。诸如此类现象如不能及时解决，其持续下去会衍生出更多不好的学习习惯甚至心理问题。对于接触新环境的儿童来说，幼小衔接的好坏会影响到儿童以后整个教育的效果和儿童的长远发展。结合上述对幼小衔接含义的理解，其意义可细分为两个方面：一是为儿童做好小学入学准备；二是让儿童克服入学适应困难。

（一）做好小学入学准备

儿童的入学准备包括四大方面，即身体健康与运动技能的发展、认知与一般知识结构、情绪与社会性的发展、学习的方式和言语的发展。其实，儿童在这五方面的发展水平会直接影响他们日后的学习。

（二）克服入小学适应困难

儿童入小学适应困难主要是在社会性上和学习上的困难。刚刚上一年级的孩子在社会性困难主要有：上课规则意识差，与老师、同伴等人际关系不和谐，不能独立完成老师布置的任务等；在学习上的困难表现在：上课注意力不集中、自我约束力不够、写字困难和数学学习困难等问题。幼小的衔接不仅要重视学习，还要注重社会性的适应问题。从社会性的角度出发，激发他们的学习欲望，培养他们的学习上与生活上的良好的习惯，以利于儿童的长远发展。

三、幼小衔接的内容

（一）能力衔接

幼儿园和小学的能力衔接包括：听说能力、思维能力、阅读能力和自我管理能力的衔接。

首先，从幼儿园阶段的以听为主发展到既会听又会说，而且要敢说，再到有逻辑性地说，合理地说。要顺应两个不同阶段的儿童思维能力发展特点设置课程。让孩子能够在短时间内掌握语言表达的方法，能够按照自己思考的进行表达。

其次，入小学后，儿童的思维方式不单纯是形象思维，随着年龄的增长，正慢慢地出现抽象思维并逐渐发展，有必要将目前幼儿园或者一些学前班以形象思维为主的学习方法转化为形象和抽象思维相结合的方式，帮助孩子思维方式的过渡发展。

再次，小学生的阅读活动形式包括自由阅读和指导下的阅读两种。这两种活动，使儿童既有自由选择阅读内容的机会，又能得到相应的引导，在有目的、有计划的阅读中，阅读方法、阅读兴趣、阅读能力有了大幅度提高。这些也要在幼儿园阶段打好基础，例如那些经常阅读的儿童识字兴趣、阅读能力、理解能力明显比不阅读的小朋友强，学习的起点更高。

最后，小学的学习和生活更需要儿童具备更高水平的自我管理能力，与原来在幼儿园家长包办代替相比，小学生要逐渐学会自己管理自己的学习和生活。

（二）习惯衔接

首先，小学早上开始上课时间较早，而且要求严格，儿童入学后要学会遵守上下课的时间；再加上小学每节课上课时间规定是 40 分钟，与幼儿园相比较时间变长，并且要求遵守严格的上下课时间，期间不可以随意走动，尽量在课后喝水、上洗手间。因此，儿童从幼儿园进入小学，遵照上下课作息时间行事习惯的养成无疑是一场严峻的考验。此外，小学会留有一定量的家庭作业，虽然大多都是请家长辅导完成，但应逐渐让儿童养成按时完成任务的习惯，并逐步帮助他们建立时间概念。

其次，小学学习及生活需要儿童学会管理自己的用具、处理自己的事情。幼儿园阶段就要教会儿童使用和保护学习用具，并管理好自己的一切物品。例如，让幼儿了解学具在书包里的摆放顺序，教幼儿掌握整理书包的一般技巧，教幼儿懂得爱护书本。此外，儿童更应该学会熟练地自己穿衣、收拾图书和玩具、自己擦桌子、积极参加值日生活动、自己的衣物自己管理等。

再次，为了让儿童能顺利地适应小学学习节奏并有好的学习效果，用科学方法看书和写字的习惯是必须的。幼儿园阶段应该教会儿童如何正确看书（看书的姿势及用眼问题）、正确握笔的方法、写字的姿势等。

（三）社会性衔接

首先，刚入小学的儿童需要在成人提醒下，遵守新环境的常规，注意自己的行动不影响集体；学会倾听、不乱插嘴；养成良好的行为习惯，不乱翻别人的东西；自觉遵守公共秩序。幼儿园阶段我们可以通过日常生活活动培养幼儿规则意识，形成良好习惯，培养幼儿理解每个活动的规则，帮助幼儿掌握执行规则的能力。

其次，要从小事做起培养儿童大胆与人交往的能力。例如：教孩子学会谦虚、有礼貌，不大声喧哗，不与小伙伴抢玩具等。这些事情看起来很小，但却有利于创造友好合作的氛围，有利于增强孩子们的交往能力。此外，儿童也要多出去接触不同的孩子，以利于儿童成为一个乐于交往和善于交往的人。

再次，为了消除儿童入学后对环境的陌生感，幼儿老师可以对教学做相应的调整。可以适当减少孩子活动、游戏的时间，也可以让孩子与小学生交流，观察他们做作业的情况，从而激发孩子爱上小学的强烈愿望。这样，从思想、习惯和认识技能上逐步过渡，孩子入学后，就比较容易适应学校环境。

最后，离开幼儿园，走进小学，儿童更多面对的是复杂的社会大环境，会遇到很多不安全因素。老师就更应该教孩子很好地保护自己，告诉儿童遇到困难如何求助，还要教育他们懂得和遵守交通规则，注意自身安全。

（四）知识衔接

幼儿园阶段，儿童的知识掌握要符合儿童自然发展规律，不是越早、越多就效果越好，根据《3～6 岁儿童学习与发展指南》对 3～6 岁儿童五大领域的发展目标要求可以看出，儿童读、写、算的能力要比知识的掌握更重要。

关于阅读与书写，幼儿园大班阶段要做好的入小学准备是：能专注地阅读，喜欢读书，对文字符号感兴趣并知道文字的意义；能说出儿童阅读材料的内容，能续编和创编，对图书和故事有自己的看法，感受语言的美；用图画和符号表现事物和故事，能正确书写自己的名字，写画姿势正确。

关于数学认识，幼儿园大班阶段要做好的入小学准备有：能发现事物简单的排列规律，并尝试创造排列规律，体验生活中数学方法的有用性和乐趣；理解数的相对性，借助情境理解“加”和“减”的意义，能通过实物进行 10 以内的加减运算，能用简单的记录表和统计图表示数量关系；认识常见的几何图形，根据示意图取放物品，辨别自己的左右。

拓展与思索

超前的起跑线是赢是输？

每到假期来临，培训机构幼小衔接班便门庭若市，给学龄前孩子教一年级的拼音、加减法、生字等，甚至一些小学附近的“小饭桌”也在抢生意。这让不少家长心动并行动，“别人家都学了，我们家不学会不会跟不上？”“幼升小毕竟是孩子面临的第一个重要转折，家长要总要做些什么帮孩子顺利适应。”据调查，全国将近七成幼儿入小学前学习拼音和算数，近年来，公立幼儿园普遍不教幼儿知识性东西，但“小学化”倾向在一些私立幼儿园仍较为普遍。不少私立幼儿园，为了扩大招生规模，迎合家长的需求，中班就有书面作业，到了大班，会教幼儿拼音、20 以内加减法、认字等，一些幼儿园基本上每天都有读、写、算作业。不少孩子就读私立幼儿园的家长称幼儿园大班教拼音很普遍，但进度较慢，会用一个学年来教拼音。另一些孩子就读公立幼儿园的家长则称孩子到幼儿园每天就是唱歌、跳舞、做游戏、画画、做手工，为了解决所谓的幼小衔接问题，大班时特意把孩子转到私立幼儿园了。一名孩子上某示范幼儿园的家长说孩子在幼儿园“只玩不学”，班上不少家长报了社会机构开办的“拼音班”。除拼音外，不少家长还为孩子报补习班，提前学运算、阅读等。

早在 2011 年，教育部就发出“关于规范幼儿园保育教育工作防止和纠正‘小学化’现象的通知”，严禁幼儿园提前教授小学教育内容，幼儿园不得给幼儿布置家庭作业。针对“提前学了读、写、算，上小学以后是否就有优势？”这一问题，某教育教学专家称，在她几十年的教学中，特别留意了这个现象，发现所谓的优势并不明显，反倒是提前学过小学知识的孩子普遍存在两个问题，一是没有学准确的发音、知识点，纠正起来非常费力；二是孩子认为自己学过了，没有新鲜感，上课容易注意力不集中，不认真听讲。小学一年级的语文教师有一整套科学的拼音教学方法，譬如，如何准确发音、识记小窍门等，在教育局规定的一个月拼音教学时长内，完全可以教会一个零起点的孩子。

——引自《湖北日报》原题：专家：不应提前教授小学课程

阅读以上案例，谈谈你的感想，说一说幼小衔接内容当中什么更重要。

第二节　幼儿园幼小衔接工作的实施

案例导入

教孩子认字的幼儿法庭败诉

1968 年，美国内华达州一个叫伊迪丝的 3 岁小女孩告诉妈妈，她认识礼品盒上“OPEN”的第一个字母“O”。小女孩的妈妈非常吃惊，问她怎么认识的。伊迪丝说：“是薇拉小姐教的。”妈妈在表扬了女儿之后，一纸诉状把薇拉小姐所在的劳拉三世幼儿园告上了法庭。

这位母亲提起诉讼的理由是：她认为女儿在认识“O”之前，能把“O”说成苹果、太阳、足球、鸟蛋之类的圆形东西，然而自从劳拉三世幼儿园教女儿识读了 26 个字母，伊迪丝便失去了这种能力。她要求该幼儿园对这种后果负责，赔偿伊迪丝“精神伤残费”1 000 万美元。

此案在内华达州州立法院开庭。法庭最终裁决劳拉三世幼儿园败诉。因为陪审团的 23 名成员认为，该幼儿园的做法犹如剪去了伊迪丝一只想象的翅膀，并早早地就把她投进了那片只有 ABC 的小水塘，使孩子在智力的启蒙阶段不能在想象的天空中振翅翱翔。

这个案例后来成了内华达州修改《公民教育保护法》的依据。现在美国《公民权法》规定，幼儿在学校拥有玩的权利。

问题探讨

阅读以上的案例，谈谈你的感想。案例说明了什么问题？

案例分析

反观国内幼儿教育，类似劳拉三世幼儿园限制孩子思维的非科学的教学方式不在少数。幼儿园变成了大量识字、大量读写算的场所。为了不“输在起跑线上”， 家长们竞相把孩子送进教学味十足的幼儿园和辅导班。一些幼儿园也为了扩大生源，投其所好，走上幼儿教育小学化之路。

一、幼小衔接工作实施原则

（一）以儿童终身发展为目的

幼儿园教育是终身教育的基础阶段，担负着培养未来社会主义的建设者和接班人的光荣任务。幼儿园教育要与小学阶段进行合理衔接，其目的不仅是为了让幼儿有小学阶段学习基础并适应新环境，其实，让幼儿顺利地过渡到小学只是幼小衔接的近期目标，它是实现教育终身发展目标的一个组成部分。因此，幼小衔接工作应当以儿童长远发展为目的，它不是大班后期的突击任务，而是贯穿于幼儿园大班教育的全过程中。儿童在幼儿园阶段获得的小学学习准备和适应知识和经验不但为小学阶段教育服务，更为儿童的终身发展服务。

拓展与思索

教育界素有“中国数学教育之父”之称的孙维刚老师，教数学时有这样一个说法，即“老师教给你的东西，就是过了几年，你把数学知识全部忘掉后，剩在你脑子里的东西。”那么，剩下的东西是什么呢？那可能就是思维和解决问题的能力。而人的这种能力，自幼儿教育阶段起，就开始萌芽并逐渐发展，与孩子日后分析和解决各种问题的能力是密切相关的。就像做操一样，也许多年后你忘记了一些动作，但却留下了当初通过做操练就的健康肌肉和体魄。当今的各学科教学要让儿童学得“有营养”，而它的营养价值正在于让幼儿获得终身发展的各学科思维。幼儿的思维自疑问和惊奇开始，疑问和惊奇是最容易激发幼儿认识世界的精神动力。教师要“投其所好”，创设一定的问题情境，增加活动的趣味性，点燃幼儿思维的火花。

阅读以上文字，谈谈自己对所说明问题的看法。假如自己是幼儿教师，你将如何教孩子们学数学？

（二）尊重儿童自然发展规律

1. 顺应儿童年龄特点

目前，有的小学在招收新生时就进行摸底考试，其内容包括识字、计算等，并以此为依据决定是否接受新生入学或看看新生学识水平。一些家长迫于压力，就要求幼儿园对孩子进行汉语拼音、识字、计算以及英语等教学。而幼儿园也为了争得更多的生源，就盲目顺应家长要求，在幼儿园阶段过早地进行超大容量拼音、识字、计算等的教学。为了尽快和小学衔接，一些幼儿园经常训练大班的孩子像小学生一样长时间地坐在位子上不许动，训练还不能拿稳笔的孩子写字，留有大量的书写类型家庭作业，孩子们苦不堪言。这样的做法无疑剥夺了幼儿大量的自由活动时间和游戏时间。幼儿园违背儿童自然成长规律进行揠苗助长，其危害甚大。法国思想家、教育家卢梭说过：“大自然希望儿童在成人之前，就要像儿童的样子。”如果我们打乱了这个孩子自然发展的次序，就会让孩子们丢掉了童年，失去了快乐，同时透支了孩子们求知的兴趣，甚至会过早出现厌学现象。

拓展阅读

著名的“双生子爬楼梯研究”

美国心理学家格塞尔曾经做过一个著名的实验：让一对同卵双胞胎练习爬楼梯。其中一个为实验对象（代号为T）在他出生后的第46周开始练习，每天练习10分钟。另外一个（代号为C）在他出生后的第52周开始接受同样的训练。两个孩子都练习到他们满54周的时候，T练了8周，C只练了2周。这两个小孩哪个爬楼梯的水平高一些呢？

实验结果出人意料——只练了两周的C爬楼梯的水平比练了8周的T好，C在10

秒钟内爬上那特制的五级楼梯的最高层，T则需要20秒钟才能完成。格塞尔分析说，其实46周就开始练习爬楼梯，为时尚早，孩子没有做好成熟的准备，所以训练只能取得事倍功半的效果；52周开始爬楼梯，这个时间就非常恰当，孩子做好了成熟的准备，所以训练就能达到事半功倍的效果。

这个实验给我们的启示是：教育要尊重孩子的实际水平，在孩子尚未成熟之前，要耐心地等待，不要违背孩子发展的自然规律，不要违背孩子发展的内在“时间表”人为地通过训练加速孩子的发展。

2. 强化儿童学习的内在心理因素

不少幼儿园的幼小衔接工作只停留在表面上。如在幼儿园大班，课桌的摆放形式有所改变，课时延长，游戏活动减少，或是组织幼儿到小学参观一下或请小学生回园介绍一下小学生活。而儿童的适应能力、思维能力、创造能力、学习的兴趣和求知欲望等内在心理因素却被忽略了。我们不应仅仅是停留在有没有学过某种知识，或是已经学了多少知识，而是应该突出促进儿童有效学习的内在心理因素的重要性。例如：10以内数的加减运算教育中，通过幼儿对实际物体的观察、摆弄操作而感知“加法就是把两堆物体合并到一起，说出总数是多少”“减法是从一堆物体里去掉一部分，说出还剩下多少”。有了幼儿园里的对实际物体的充分的操作、观察和体验，逐步实现由具体形象思维向抽象逻辑思维的过渡。

3. 突出儿童身体健康和营养的价值

当下的幼小衔接工作对儿童身体健康的关注程度远低于学习成绩，大多幼儿园更突出智能和心理方面的衔接，如观察力、想象力、记忆力、独立能力、自我控制能力等，而忽视对孩子的身体健康教育。如幼儿在家乱吃零食、挑食，造成一些孩子营养不均衡或营养不良。有的孩子在家过长时间看电视，在幼儿园不注重体育锻炼；有的孩子肥胖，有的孩子瘦弱。现在的小学生近视率和蛀牙率都越来越高，这和幼儿阶段的教育引导有很大关系。殊不知身体健康直接影响着孩子的适应力和学习能力，如儿童的注意力、控制力的发展受大脑成长的影响，随着大脑的成熟，儿童的注意力、控制力水平都将有所提高，但是大脑的成长是以充足的物质营养为基础，身体健康了，营养合理了才会有聪明的头脑。

总之，幼小衔接不应是简单地在幼儿园和小学之间增加一个加号或者桥梁，幼小衔接不是谁靠谁，而是幼儿园和小学都要尊重儿童的自然发展规律。我们应对处于衔接年龄儿童的身心发展和学习规律作进一步的探索，从而研究制定多种利于儿童全面发展的教育方案。

（三）注重儿童体、智、德、美全面发展

儿童的发展既是阶段性的，又是连续性的，一个孩子决不会因为跨入小学而突然失去幼儿的特点。幼儿园和小学两阶段的特点同时并存，且相互交叉。幼儿阶段的特点逐渐减弱，小学阶段的特点逐渐增强。我国学前教育工作注重儿童体、智、德、美等全面发展，

这与小学阶段的培养目标相契合，因此，幼小衔接也应该是全面的，衔接的内容不仅有知识、技能，还有情感、态度、能力方面，不仅有语言、数学能力，还有规则意识、任务意识、社会交往等社会能力，当然还包括儿童良好的德行、发现美和创造美的能力。

（四）借助多方努力，优化衔接效果

幼小衔接是幼儿园、小学、家长乃至全社会都非常关心的问题，搞好它需要幼儿园和小学的改革，更需要家长热心支持及其观念的改变。总之，搞好幼小衔接工作，需要幼儿园、小学和家长三方共同努力。

幼儿园在实施幼小衔接方案的同时，需要帮助家长掌握科学育儿知识，提高他们对幼儿教育小学化危害的认识。可通过家访、召开家长会、开设家长园地、开办家长学校、家长开放日活动等形式，让家长学习育儿知识和交流教育孩子的经验，促进相互了解，宣传家教知识，提高家长的教育素质。针对小学的学习生活特点，指导家长注重幼儿入学适应。

同时，家长对幼儿园的教育措施要有所了解，并在掌握方法之后，能主动配合。特别是当家长在幼儿园的帮助下，发现孩子身上有一些自己没有意识到的情况和优点时，应正确对待孩子，帮助他发扬优点，改正缺点，帮助儿童完成从幼儿园到小学的合理过渡。

二、幼儿园幼小衔接方案设计

儿童从幼儿园到入小学，是人生道路上的第一个转折点，解决好幼儿教育与小学教育的衔接问题，对于促进人的可持续发展、提高教育质量都具有重要意义。为认真贯彻落实《幼儿园教育指导纲要（试行）》精神，幼儿园应以“尊重孩子的年龄特点和发展规律，考虑孩子的心理需求和发展需要”为基本原则，以“解决幼儿园与小学的衔接问题，让儿童从幼儿园合理过渡到小学，促进儿童健康、快乐成长”为重点，结合园所实际，制定幼小衔接工作实施方案。

拓展与思索

×××幼儿园幼小衔接工作实施方案

一、指导思想

坚持面向全体幼儿，促进幼儿体、智、德、美等的全面发展。针对幼儿身心发展特点，从幼儿园的实际出发，积极创造条件，通过丰富多彩的教育活动、教育环境的创设、日常生活的管理、与家长和小学合作等形式，帮助学前儿童实现从幼儿园到小学两个不同阶段教育的平稳过渡，让幼儿建立自信心，能健康、快乐地适应小学阶段的学习生活，保持身心的和谐发展。

二、工作宗旨

（1）通过“幼小衔接”系列活动的开展，和谐衔接，帮助儿童向小学顺利过渡。

（2）本着“真诚、尊重、互动、合作”的原则，增强幼儿园与家长和小学的及时合理沟通衔接。

三、工作目标

（1）使儿童有入小学的愿望和兴趣，向往小学的生活，具有积极的情感体验。

（2）让儿童初步了解小学的学习特点和课堂教学规范，对各类学习活动形成好奇心和求知欲。

（3）让儿童初步养成良好的学习习惯（倾听习惯、阅读习惯等）、生活能力（自我服务能力、自我保护能力等），以及建立初步的规则意识、任务意识。

四、工作时间和对象

（1）工作时间：每年3月至9月，活动时长为6个月。

2. 工作对象：幼儿园大班。

五、重点工作内容

1. 入学前思想准备

通过参观小学，让幼儿知道为什么要上小学，小学与幼儿园有什么不同，激发孩子上小学的欲望。

2. 身体方面的准备

（1）通过体育锻炼、疾病预防增强幼儿体质。

（2）为了让幼儿能够较快地过渡，我们将适当延长幼儿学习时间、减少游戏时间。

（3）日常活动中培养幼儿正确的读书、写字、握笔姿势，同时，让幼儿懂得保护感觉器官。

（4）安全教育，让幼儿懂得并遵守交通规则，记住急救电话，知道不玩水、玩火、玩电。

3. 独立生活能力的准备

（1）培养幼儿的独立意识，增强独立解决问题的能力。

（2）培养幼儿的时间观念。

4. 学习方面的准备

（1）培养儿童学习方面的动手操作能力。

（2）培养儿童良好的学习习惯。

此外，3月份开始学习时间、运动时间逐步增长，生活、游戏时间逐步缩短。

阅读以上方案，说一说，××× 幼儿园大班在幼小衔接工作方面预备开展哪些活动？这些活动对幼儿进入小学阶段学习起到什么作用？有何意义？关于工作重点，你还有哪些补充？

思考与练习

1. 请将下列表格补充完整，用以说明幼儿园教育与小学教育的不同。

项　目	幼儿园	小　学
主导活动		
作息制度		

续表

项　目	幼儿园	小　学
生活内容		
师生关系		
环境布置		
环境选择		
课堂要求		
成人期望		
教学方法		

2. 简述幼小衔接的意义。
3. 简述幼小衔接的内容。
4. 论述幼小衔接工作实施原则。
5. 设计一份幼儿园幼小衔接工作方案。
6. 以“幼小衔接”为目的设计一次大班主题活动。

参考文献

[1] 虞永平，王春燕．学前教育学［M］．北京：高等教育出版社，2012．
[2] 姚伟．学前教育学［M］．长春：东北师范大学出版社，2012．
[3] 李生兰．学前教育学［M］．上海：华东师范大学出版社，2014．
[4] 黄人颂．学前教育学［M］．北京：人民教育出版社，1989．
[5] 刘晓东，卢乐珍等．学前教育学（第二版）［M］．南京：江苏教育出版社，2009．
[6] 陈幸军．幼儿教育学（第三版）［M］．北京：人民教育出版社，2010．
[7] 齐桂林，白丽辉．学前教育学［M］．南京：东南大学出版社，2015．
[8] 杭梅．学前教育学［M］．北京：高等教育出版社，2014．
[9] 柳阳辉．学前教育学［M］．郑州：郑州大学出版社，2012．
[10] 高岚．学前教育学［M］．广州：广东高等教育出版社，2001．
[11] 黄人颂．学前教育学［M］．北京：人民教育出版社，2007．
[12] 黄人颂．学前教育学参考资料（上、下）［M］．北京：人民教育出版社，1991．
[13] 李季湄．幼儿教育学基础［M］．北京：北京师范大学出版社，2008．
[14] 刘晓东．儿童教育新论［M］．南京：江苏教育出版社，2008．
[15] 教育部基础教育司组织．幼儿园教育指导纲要（试行）解读［M］．南京：江苏教育出版社，2002．
[16] 张乐天．学前教育政策与法规［M］．北京：中央广播电视大学出版社，2011．
[17] 王相荣等．幼儿教育政策与法规［M］．北京：新时代出版社，2008．
[18] 庞丽娟．政府主导创新体制——我国地方学前教育改革探索与政策启示［M］．北京：北京师范大学出版社，2012．
[19] 庞丽娟．国际学前教育法律研究［M］．北京：北京师范大学出版社，2011．
[20] 李生兰等．学前教育法规政策的理解与运用［M］．南京：南京师范大学出版社，2012．
[21] 周兢．国际学前教育政策比较研究［M］．上海：华东师范大学出版社，2011．
[22] 姚玮．学前教育学［M］．长春：东北师范大学出版社，2010．
[23] 鄢超云．学前教育评价［M］．北京：高等教育出版社，2010．
[24] 霍力岩等．学前教育评价［M］．北京：北京师范大学出版社，2000．
[25] 胡惠闵，郭良菁．幼儿园教育评价［M］．上海：华东师范大学出版社，2009．

[26] 朱慕菊．“幼儿园与小学衔接的研究”研究报告［M］．北京：中国少年儿童出版社，1995．

[27] 杨文．当前幼小衔接存在的问题及其解决对策［J］．学前教育研究，2013．

[28] 李召存．论基于儿童视角的幼小衔接研究［J］．全球教育展望，2012．

[29] 蔡岳建．家庭教育引论［M］．合肥：安徽教育出版社，2010．

[30] 闫旭蕾，杨萍．家庭教育新论［M］．北京：北京大学出版社，2012．

[31] 许政援，吕静．儿童发展心理学［M］．长春：吉林教育出版社，1995．

[32] 方意英．社区服务——促进早期儿童发展的新途径［M］．北京：北京医科大学中国协和医科大学联合出版社，1995．